はしがき

　現代の経済社会には，物価や景気，財政や金融，国際収支や国際通貨などの問題をはじめ，失業，所得格差，個人消費の低迷，家計の貯蓄率の低下，年金や生活保護，地域再生，さらには混雑や公害問題など解決すべき多くの経済問題が山積している。

　このような経済問題を理解し，考えたりするに際して必要となる経済学について，これまで『コンテンポラリー経済学入門』と『コンテンポラリーマクロ経済学』を刊行してきたが，本書はその際必要となるミクロ経済学を取りあげ解説したものである。今回の『コンテンポラリーミクロ経済学』の刊行によって，コンテンポラリーシリーズは完結する。『コンテンポラリーマクロ経済学』でも述べたように，1980年代後半に登場した「新しいマクロ経済学」は，ミクロ的な基礎づけ，つまりミクロ経済学の消費者の効用の最大化，企業の利潤の最大化に基づいて構築されなければならないとしており，ミクロ経済学に関する理解は一層重要となっている。また，現在では，ミクロ経済学とマクロ経済学の区分は，方法論上では難しくなっているが，本書では伝統的なミクロ経済学に関する主要な理論，特に市場の均衡分析，つまり部分均衡分析と一般均衡分析を説明するとともに，市場機構，ないし価格メカニズムの働きが完全に発揮されない場合，いわゆる「市場の失敗」，経済学の二大目標でもある「効率」と「公正」の問題，さらには1970年代以降発展してきている情報の非対称性とゲーム理論，最後にミクロ経済学で用いられる経済数学などを取りあげ説明する。

　説明は，文章自体をわかり易く表現すると同時に，図表，具体的な事例，数値例を用いてできる限り理解し易くするように努めたつもりである。また，各章の最初に「キーワード」を設け，各章の重要事項を整理するとともに，本文中の重要な用語や事項についてはゴジック体で示している。

　本書の構成は，大きくは第1章から第10章の伝統的なミクロ経済学の基礎編と第11章から第14章のミクロ経済学の発展に貢献した理論編，第15章のミクロ経済学で用いる経済数学入門の15章からなっている。

本書は，城西大学の専任教員5名と城西国際大学の専任教員1名の6名が執筆を担当している。各執筆者は，経済学の専門分野は異にするが，長年経済学の授業を担当している経験豊富なエキスパートであり，「痒いところに手の届いた」説明に努めている。今回，本書の制作にあたって，城西大学経済学部客員教授の大水善寛先生には企画段階から最終的なチェックまでその中心となって，多大なご尽力をいただいた。また，経営学部教授の柳下正和先生と経済学部准教授の江良亮先生には，出版社への連絡をはじめ，図表のチェックや参考文献の整理など面倒な作業をしていただいた。ここに，3氏に対して感謝の意を表したい。

　最後に，本書の刊行に際して，度重なるお願いにもかかわらず快くお引き受けくださった中央経済社の編集長 納見伸之氏に深く感謝するとともに，編集と校正の労をとってくださった中央経済社の方々に深く御礼申し上げる。

2018年3月

　　　　　　　　　　　　　　　　　　　　　城西大学研究室にて

　　　　　　　　　　　　　　　　　　　　　　　　　　小淵　洋一

目　　次

はしがき　*i*

第1章／ミクロ経済学とは ……………………………… *1*
1. ミクロ経済学とその特徴 …………………………… *2*
2. 市場の形態と各市場の特徴 ………………………… *4*
3. 市場の需要と供給―市場の動き …………………… *8*
4. 需要と供給の価格弾性力 …………………………… *12*
5. 市場価格の決定とその変化 ………………………… *19*
6. 消費者行動と企業行動 ……………………………… *22*

第2章／消費者行動 ……………………………………… *29*
1. 効用 …………………………………………………… *30*
2. 無差別曲線 …………………………………………… *32*
3. 予算制約 ……………………………………………… *37*
4. 効用最大化行動 ……………………………………… *39*

第3章／需要曲線の導出 ………………………………… *41*
1. 弾力性 ………………………………………………… *42*
2. 所得変化と財の種類 ………………………………… *48*
3. 価格変化の影響 ……………………………………… *51*
4. 代替効果と所得効果 ………………………………… *52*
5. 需要曲線の導出 ……………………………………… *54*

第4章／企業行動と供給曲線 — 57

1 短期と長期概念 — 58
2 費用と企業行動 — 59
3 収入と企業行動 — 65
4 利潤最大化条件 — 66
5 供給曲線の導出 — 70

第5章／生産関数と生産者行動 — 73

1 生産関数 — 74
2 等量曲線と等費用線 — 76
3 費用最小化行動 — 81

第6章／部分均衡分析 — 87

1 消費者余剰と生産者余剰 — 88
2 余剰分析（部分均衡分析）と死荷重 — 91

第7章／一般均衡分析 — 95

1 エッジワース・ボックス（純粋交換経済）と
  パレート効率性 — 96
2 厚生経済学の基本定理 — 99

第8章／不完全競争市場Ⅰ —独占— — 103

1 市場構造 — 104
2 売り手独占 — 107
3 買い手独占 — 111

4　独占的価格差別 …………………………………………………… *113*

第9章／不完全競争市場Ⅱ ― 寡占 ― …………………………… **115**
　　　1　寡占企業の行動 …………………………………………………… *116*
　　　2　屈折需要曲線 ……………………………………………………… *119*
　　　3　複占モデル ………………………………………………………… *120*

第10章／ゲーム理論 ………………………………………………… **127**
　　　1　ゲーム理論とは …………………………………………………… *127*
　　　2　戦略形ゲーム ……………………………………………………… *129*
　　　3　戦略形ゲームのナッシュ均衡解 ………………………………… *131*
　　　4　繰り返しゲームと逐次ゲーム …………………………………… *134*

第11章／市場の失敗 ………………………………………………… **139**
　　　1　市場の失敗とは …………………………………………………… *140*
　　　2　外部性 ……………………………………………………………… *140*
　　　3　公共財 ……………………………………………………………… *147*

第12章／情報と不確実性 …………………………………………… **153**
　　　1　情報の非対称性 …………………………………………………… *154*
　　　2　逆選択 ……………………………………………………………… *155*
　　　3　モラル・ハザード ………………………………………………… *158*
　　　4　リスクと不確実性 ………………………………………………… *160*
　　　5　期待効用 …………………………………………………………… *160*

第13章／企業の経済学 ... **167**

 1 市場支配力と市場集中度 ... *168*
 2 合併・買収 ... *171*
 3 二重限界化の問題 ... *173*

第14章／市場経済と社会―効率と公正― ... **177**

 1 市場経済とその特徴 ... *178*
 2 市場均衡と資源の効率的配分 ... *179*
 3 パレート最適と厚生経済学の基本定理 ... *182*
 4 所得分配と公正性 ... *185*
 5 市場の失敗と外部性 ... *186*

第15章／経済数学入門 ... **191**

 1 一次関数と図の関係についての復習 ... *192*
 2 指数の公式 ... *193*
 3 一変数関数の微分 ... *195*
 4 偏微分―多変数関数の微分 ... *199*
 5 ラグランジェ未定乗数法の計算手続 ... *201*

■参考文献 *205*
■索 引 *209*

第1章

ミクロ経済学とは

キーワード

・市場の形態

市場の形態には，独占，複占，寡占，完全競争，双方独占，双方複占，双方寡占などがある。そのうち，代表的な独占，寡占，完全競争市場の特徴を，たとえば価格についていえば，独占の場合には自らの意志で価格を決定できること，寡占の場合には，同種の製品についてライバル企業の価格を考慮しないと価格を決定できなくなること，完全競争の場合には価格は与えられたものとすることである。

・需要や供給の変化

需要の変化の要因には，消費者の所得，消費者の嗜好，市場の人口と構成の変化，関連する財の価格（代替財と補完財），将来価格についての期待などがある。
一方，供給の変化の要因には，生産者の数，生産要素サービスの価格，技術進歩，間接税の課税，補助金の給付，豊作などがある。
需要の変化（供給の変化）は，図では需要曲線（供給曲線）のシフトによって説明される。需要曲線（供給曲線）についていえば，「価格が変わらなくても需要量（供給量）が増えれば右シフト，減れば左シフトする。

・弾力性

弾力性とは，数学的にいえば，2つ変数があって，一方の変数の変化が他の変数の変化にどの程度影響を与えるかを示した概念である。よく問題にもされる需要の価格弾力性でいえば，2つの変数は価格と需要量で，価格の変化が需要量の変化にどの程度影響を与えるかを示した概念である。需要曲線との関係では，弾力性が大きい（小さい）ほど，需要曲線が線形のときその傾きは緩やか（急）になる。
なお，需要曲線が横軸に垂直な場合には弾力性は完全に非弾力的（数学的にはゼロ），また，需要曲線が横軸に平行な場合には弾力性は完全に弾力的（数学的

は∞）であるという。
- **市場均衡価格**
  市場均衡価格は，市場全体の需要量と供給量が等しくなるところで決定される。このように，市場価格が需要と供給の関係を通じて決定されることを需要・供給の法則という。
- **価格の変化の2つの働き**
  価格の変化には，所得効果と代替効果という2つの働きがある。所得効果とは，価格の低下（上昇）は消費者の所得を実質的に増やす（減らす）働きのあることをいい，代替効果とは価格の変化は相対価格を変える働きのあることをいう。需要曲線が右下がりになるのは，この2つの効果による。
- **部分均衡分析**
  部分均衡分析とは，単一の市場だけに注目した分析で，一般均衡分析はすべての市場に注目した分析である。
- **消費者行動のアプローチ**
  消費者行動のアプローチには，基数的アプローチと序数的アプローチがある。前者は，効用の可測性を仮定した理論であり，後者はたとえ効用を数値的に測ることができなくても，欲しい順位を付けられることを仮定した理論である。

1 ミクロ経済学とその特徴

　ものの見方や観察の仕方には，大別してミクロ的（微視的）な方法とマクロ的（巨視的）な方法の2つがあるだろう。経済学においても，そのようなミクロ的な方法とマクロ的な方法の2つがある。前者は，ミクロ経済分析ないしミクロ経済学，後者はマクロ経済分析ないしマクロ経済学と呼ばれる。両者は，分析の対象や分析方法を異にするが，いずれも経済の動きを捉えようとする点では共通している。

　ミクロ経済学は，「木と森」の例えでいえば森を形づくっている個々の「木」に相当する個別経済主体（家計，企業，政府）を分析の対象として，個々の家計や企業，政府の行動を捉えることによって，経済の動きを捉えようとする経済学である。それに対して，**マクロ経済学**は，個々の木が集まってできた森

対応する国民経済を分析対象とし，国民所得，消費，投資などの集計量概念を用いて，国民経済の動きを捉えようする経済学である。また，分析方法の違いに着目すれば，ミクロ経済学は**価格分析**が中心で，それは家計の消費量，企業の生産量が価格を媒介として決定されることにもみられるように，価格関係を中心として経済全体の動きを捉えようとする経済学である。それに対して，マクロ経済学は**国民所得分析**が中心で，集計量概念を用いて，国民所得を中心としてそれと密接な関係をもつ経済諸量である消費や投資との一般的な相互関係を捉えることによって，経済の動きを鳥瞰図的に捉えようとする経済学である。要するに，ミクロ経済学の主要な用具は価格分析であり，マクロ経済学のそれは国民所得分析である。前者の中核をなすのが**需要・供給の法則**であり，後者の中核をなすのがケインズの**有効需要の原理**である。

　ミクロ経済学とマクロ経済学は，いまみたように分析対象と分析方法を異にするが，両者はどのような問題に解答を与えうるか，言い換えれば両者の守備範囲はどのような問題になるのであろうか。まず，ミクロ経済学は，家計の消費量や企業の生産量の決定，また財・サービスおよび生産要素（労働，資本，土地）の価格の決定，生産資源の効率的配分などの問題に解答を与えてくれる。さらには，それは現在早急な解決が強く求められている公害や混雑問題を理解する手がかりを与えてくれる。このように，消費者行動や企業行動，個々の財・サービスの価格の決定，生産要素サービスの価格である賃金・利子・地代の決定，生産資源の配分，さらには市場の失敗などの問題は，このミクロ経済学の守備範囲となる。

　他方，マクロ経済学は，物価，失業，景気変動，経済成長，国際収支，国際通貨などの問題が守備範囲となるが，それは経済全体の活動水準の決定と変動メカニズムを分析することによって，それらの問題を理解する手がかりを与えてくれる。また，マクロ経済学は，物価の安定，完全雇用の達成，経済成長の促進，国際収支の均衡などの経済政策の諸目標間の関係，それらの目標を実現するための政策手段，さらにはその政策手段の効果などの問題に解答を与えてくれる。

　ただし，現在では，いまみたようなミクロ経済学とマクロ経済学の区分は方法論上難しくなってきている。というのは，『コンテンポラリーマクロ経済

学』で取り上げたように新しいマクロ経済学の登場によって，ミクロ的基礎づけ，つまり家計の効用の最大化と企業の利潤の最大化に基づいて構築されたマクロ経済学になっているからである。

　ところで，学生諸君がこのミクロ経済学の勉強に際してよく戸惑うのが**限界分析**，**限界概念**の理解である。それは，『コンテンポラリー経済学入門』にも登場しているが，限界効用，限界便益，限界収入，限界費用，限界生産力などの用語の理解はできているであろうか。重複を承知でいえば，そのような限界概念を用いた考え方，つまり限界分析は，家計の消費量の決定や企業の生産量の決定にみられるように家計や企業が何らかの経済的決定をしようとするとき使用される。家計や企業は，その経済的決定による追加的な便益（限界便益）が追加的な費用（限界費用）を上回る場合にのみ，その決定を実行に移すのである。たとえば，いま，ある鉄道会社が列車をもう1列車追加すべきかどうかを決定しようとする場合を考えてみよう。列車を1列車増やすと，車両費，人件費，動力費，修理費など増加するが，この1列車の増加によって生ずる追加的費用のことを限界費用といい，他方1列車の増加によって得られる追加的な収入のことを限界収入という。鉄道会社は，この限界費用と限界収入とを比べて，後者が前者を上回る場合にのみ1列車を追加するであろう。このような限界分析は，後の章でよく登場するので，しっかり理解しマスターしてほしい。

2　市場の形態と各市場の特徴

　ミクロ経済学は，すでに述べたように価格分析が中心で，価格関係を中心にして経済全体の動きを捉えようとする経済学であるが，そこで大切になるのが市場と価格の働きについての理解である。まず，市場の形態と各市場の特徴についてみておこう。市場とは，財やサービスの買い手と売り手を引き合わせる仕組み，あるいは価格というシグナルの下に売り手と買い手が取引をする仕組みのことをいう。市場にはさまざまな形態があるが，それは売り手と買い手の数，売り手の価格に対する支配力の程度，取引される財やサービスの型，競合する財やサービスの有無，さらには財やサービスの価格や品質に関する情報量の多寡などによって分類される。いま，市場の形態を売り手と買い手の数に基

づいて分類すると，供給独占，供給複占，供給寡占，完全競争市場，需要独占，需要複占，需要寡占，さらには双方独占，双方複占，双方寡占などがある。ここでは，価格理論で基礎的に大切になる完全競争市場，独占市場，寡占市場とこれら3つの市場の特徴について説明する。

まず，ミクロ経済学の中心的な理論である価格理論において理論的説明用具の極限の形として登場するのが，**完全競争市場**で，自由競争市場とも呼ばれる。この完全競争市場は，価格の決定に少しも影響を与えないような多数の売り手（供給者）と買い手（需要者）の間で自由な取引が行われている市場のことをいうが，よりわかり易くいえばそれは価格や生産量の決定に対して支配力をもった巨大企業が存在しないで，競争が自由に行われている市場のことである。完全競争市場は，簡潔に言えば市場の働きが最も理想的に機能する市場であるが，そのような完全競争市場が成立するためには，つぎのような条件をすべて満足しなければならない。

① 各財・サービスの売り手も買い手も多数であること。これは，完全競争の基本的原則で，売り手も買い手も価格に影響を与えないほど小さく，価格支配力を持っていないことを意味する。

② 売り手の供給する各財やサービスは，標準化した同質的なものであること。したがって，買い手は各財やサービスの質については関心を払わなくもよく，価格の違いだけにそれを向ければよいことになる。この条件は，各財やサービスの質に関する条件である。

③ 売り手も買い手も市場について完全な知識をもっていること。たとえば，各財やサービスの価格やその特性について完全に知っているということである。

④ 市場への参入，市場からの脱出が自由であること。これは，市場への参入，市場からの脱出に関する制限が全く存在しないことを意味する。

このような4つの条件をすべて満足したような市場を完全競争市場というのである。この4つの条件のうち1つでも満足しない場合には，完全競争市場ではなく，不完全競争市場なのである。この完全競争市場は，理想的説明の用具としての1つの極限の形態であり，現実にはほとんど存在しえない。

ところで，この4つの条件をすべて満足した市場で競争が行われると，つぎ

の2つのことが支配する。その1つが，**一物一価の法則**である。これは，各財やサービス市場では，ただ1つの価格しか成立しないということである。しかし，現実の市場では，同じ物であっても複数の価格がみられるから，一物二価，一物三価といった一物多価が一般的である。

　もう1つは，すべての売り手も買い手も，市場価格は与えられたものとして行動することである。これは，個々の売り手は市場価格で売らなければならないし，個々の買い手は市場価格で買わなければならないことを意味する。その図との関連でポイントになることは，完全競争の場合産業全体の需要曲線は右下がりとなるが，個々の売手（企業）のそれは横軸に平行な直線となることである。さらに言えば，個々の企業は，横軸に平行な需要曲線に直面するのである。

　この完全競争市場は，1つの極限の形であるが，それと正反対のもう1つの極限の形が独占である。**独占市場**とは，市場においてただ1人の売り手（買い手）に対して多数の買い手（売り手）が対応し，売手の供給する財に近い代替財が存在しないような市場のことである。ただ単に，独占という場合には，ある財についてただ1人の売り手に多数の買い手が対応する供給独占（monopoly）を指している。この独占の例としては，地域独占の電力事業（日本では現在では自由化され完全独占ではなくなっている），ガス，水道事業などがあげられる。この独占市場と完全競争市場の中間的領域にある不完全競争市場の一形態が，**寡占市場**である。寡占市場は，一般には少数の売り手に対して多数の買い手が対応するような市場（供給寡占）のことである。寡占の例としては，自動車，ビール，板ガラス，家電，鉄鋼産業などがあげられる。

　つぎに，完全競争，独占，寡占の各市場の特徴を価格の決定についてのみみておこう。イメージし易くするために，売り手の数に注目し，ライバル企業（競争相手企業）が全く存在しない独占，ライバル企業が少ない寡占，ライバル企業が多数の完全競争の順にその特徴を説明する。まず，ライバル企業が存在しない独占の特徴は，その独占企業は「自らの意志で価格を決定できること」である。これは，独占の最大のメリットである。独占企業は，そのように自ら意志で価格を決定できるから価格設定者（price maker）である。独占企業は，利潤が最大になるように自らの意志で価格だけなく，生産量を決定でき

るのである。しかし，ライバル企業が出現し，それが少数の寡占の場合には，そのような自らの意志では価格を決定できなくなるのである。寡占においては，競争企業は少なく，各企業は相互依存関係を持つようになるから，各企業はライバル企業の行動を考慮しないと自らの行動を決定できなくなるのである。価格の決定についていえば，同種の製品について「ライバル企業の価格を考慮しないと自らの価格を決定できなくなること」である。というのは，利潤が自らの価格決定だけでなくライバル企業の価格決定によっても影響されるようになるからである。

　さらに，ライバル企業が増え，多数になった完全競争の場合には，個々の企業は所与としての価格と費用の関係で供給量を決定しなければならなくなるという意味で価格受容者（price taker）と呼ばれるように，「価格は与えられたものすること」である。完全競争市場が成立するためには，いまもみたようにいくつかの条件があるが，そのすべての条件を満足した市場で競争が行われたときの１つの帰結は，個々の売り手は市場における需給関係を通じて決定される市場価格を受け入れて行動せざるをえなくなるということである。

　以上，完全競争，独占，寡占の３つの市場の特徴についてみたが，そのうち寡占市場においてみられる特徴的な現象を２つあげておこう。その１つは，寡占市場では，価格競争は著しく後退し，価格以外の面での競争，すなわち**非価格競争**が激しく展開されるということである。寡占市場における企業間の競争は，この非価格競争が主要な競争の形態となる。それには，どのような競争があるであろうか。これは，現在企業間でどのような競争が展開されているか，といった問にも役立つので覚えておくと便利である。非価格競争の主なものを上げると，テレビ，ラジオ，新聞，インターネットなどの各種のマスメディアを通じての広告・宣伝競争をはじめ，品質競争，新製品・技術競争，販売条件競争，販売網拡大競争などがある。なかでも，広告・宣伝は消費者に与える影響が大きいから，多額の広告費を投じて競争が展開されている。また，新製品・技術競争では，新製品の開発をするために多額の資金が投じてられている。企業にとって，新製品を出すメリットはどこにあるのであろうか。それは，その新製品については独占であるから，いまみたように「自らの意志で価格を決定できる」という独占のメリットを企業は享受できるからである。寡占市場で

は，このような競争が激しく行われているが，技術進歩による恩恵が消費者に還元されずに一部大企業によって独占されたり，消費者の購買欲がいたずらにかきたてられたりするという現象さえみられる。もう1つは，**価格の下方硬直性**という現象がみられることである。これについては，第9章で詳しく説明するが，それは企業の市場支配力が高まるにつれて，生産の合理化や技術革新によって生産費が低下しても生産物価格が下がり難いという現象のことである。

3 市場の需要と供給 —市場の働き

　市場には，いまみたようにいろいろな市場があるが，そもそも市場にはどのような働きがあるのだろうか。その市場の働きを分析するとき，一般に市場の均衡分析が用いられる。その均衡分析には，部分均衡分析と一般均衡分析がある。この両者の違いは，分析する市場が単一か複数かにあり，**部分均衡分析**はある単一の市場だけに注目し，**一般均衡分析**は複数の市場すべてに注目する分析である。ここでは，部分均衡分析を中心に取りあげ，市場の働きが最も理想的に機能する市場，つまり完全競争市場を取りあげ，市場が本来持っている機能を説明する。

　さて，需要と供給は市場でどのように調整されるのであろうか。市場の働きが最も理想的に機能する市場では，需要と供給は市場における価格を通じて調整されるから，市場のイメージを捉える意味からも大切となる価格と需要の関係，価格と供給の関係についてみておこう。まず，需要とは，買い手が買いたいと思い，市場でお金を支払って財・サービスを購入することをいう。言い換えれば，それはある財・サービスの価格とその財・サービスに対する需要量の関係であるともいえる。この価格と需要量の間には，**他の事情が不変であれば**(ceteris paribus)，価格が上がれば需要量は減少し，価格が下がれば需要量は増大するという負の関係がみられる。ここで，ポイントとなるのは，この「他の事情が不変であれば」という仮定についての理解である。そのようなことがいえるのは，他の事情が不変であれば，つまりここではある財の価格とその需要量以外の要因が不変であればという仮定があるからであり，それ以外の要因が変化すればそのようなことはいえなくなるのである。この点については，こ

図1-1 需要曲線

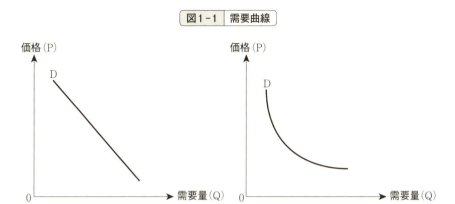

の後の需要の変化の要因ところで詳しく説明する。**需要法則**とは，他の事情を不変とした場合のそのような価格と需要量の関係をいい，ある財に対する需要量は価格が下がれば下がるほど増加することをいう。この需要法則は，経済学の基本法則の1つであるが，なぜそうなるのかについては第3章で詳しく説明する。いま，価格と需要量の関係を関数式で示したのが**需要関数**であり，それを図で示したのが**需要曲線**で，図1-1のような右下がりのD曲線のようになる。需要曲線は，図のような直線の場合と双曲線の場合がある。また，両者の関係を表で示したのが需要表である。なお，この需要曲線の導出については，第3章で詳しく説明する。

ところで，同じ需要量が増える場合でも，2つのケースがある。その1つのケースは，いまもみたように他の事情を不変とすれば，ある財，たとえばりんごの価格が下がればその需要量は増加する。もう1つのケースは，りんごの価格が下がらなくても，つまりそれが不変であってもリンゴの需要量が増える場合がある。それは，りんごの価格が下がらなくても，他の事情が変化すれば，つまりりんごの価格とその需要量以外の要因が変われば，りんごの需要量は増加する。この需要量の増加は，需要の増加によるのである。このような**需要の変化**は，図では需要曲線の右，左へのシフト（平行移動）によって説明される。**この需要曲線のシフト**は，基礎的に重要な概念であり，問題にもよく登場する

から，供給曲線のシフトとともにしっかり理解しておこう。需要曲線の右，左どちらにシフトするかを理解するときのポイントをいえば，りんごの例でいえばりんごの価格が変わらなくても，需要の変化の要因が変わってりんごの需要量が増えれば右，需要量が減れば左へシフトする。

　そのような需要を変化させる要因，図では需要曲線をシフトさせる要因には，①消費者の所得，②消費者の所得分配，③消費者の嗜好，④市場の人口とその構成の変化，⑤関連する財（代替材，補完財）の価格の変化，⑥将来価格についての期待などがある。これらの要因の変化によって，需要曲線が右，左のどちらにシフトするか少し練習しておこう。りんごの例でいえば，消費者の所得が増えれば，りんごの価格は下がらなくてもその需要量は増加するから，需要曲線は右にシフトする。人口が増えれば，りんごの価格が下がらなくてもその需要量は増加するから，需要曲線は右にシフトする。ここで，少し厄介で問題にもされるのが，関連する財，たとえば，りんごの**代替財**のミカンの価格が下がった場合，りんごの需要曲線は右，左どちらにシフトするのかということである。りんごの価格は変わらなくても，ミカンの価格が下がると，りんごは相対的に高くなるからその需要量は減少する。それゆえ，りんごの価格は変わらなくても，その需要量は減少するから，りんごの需要曲線は左にシフトする。その他の需要の変化の要因についても，練習しておこう。

　一方，供給とは，売り手が財・サービスを生産し，市場で販売することをいう。言い換えれば，それはある財・サービスの価格とその財・サービスの供給量の関係であるともいえる。この価格と供給量の関係は，他の事情が不変であれば，価格が上がれば供給量は増加し，逆に価格が下がれば供給量は減少するという正の関係がみられる。需要の場合と同様に，そのようなことがいえるのは，他の事情が不変であれば，つまりある財・サービスの価格とその供給量以外の要因が不変であればということを仮定しているからである。しかし，他の事情が変化すれば，そのようなことはいえなくなるのである。**供給法則**とは，他の事情を不変とした場合の価格と供給量の関係をいい，ある財・サービスの価格が上がれば上がるほど供給量が増えることをいう。いま，価格と供給量の関係を関数式で示したのが**供給関数**で，それを図で示したのが**供給曲線**で，図1-2のような右上がりのＳ曲線のようになる。この供給曲線がどのようにし

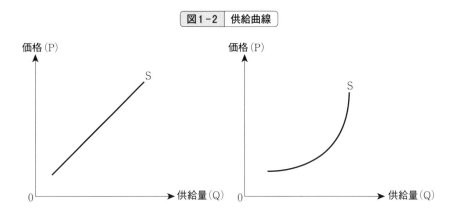

図1-2 供給曲線

て導かれるかについては,第4章で説明する。

ところで,同じ供給量が増える場合でも,需要の場合と同じように2つのケースがある。その1つのケースは,いまもみたように他の事情が不変であれば,ある財,たとえば,りんごの価格が上がればその供給量は増加する。それは,りんごの価格が上昇したからである。もう1つのケースは,りんごの価格が上がらなくても,つまりりんごの価格が変わらなくてもその供給量が増える場合がある。それは,りんごの価格が上がらなくても,他の事情が変化すれば,つまりりんごの価格とその供給量以外の要因が変化すれば,りんごの供給量は増加する。この供給量の増加は,供給の変化によるのである。このような**供給の変化**は,図では供給曲線の右,左へのシフトによって説明される。需要曲線のシフトの場合と同様に,この**供給曲線のシフト**についてもしっかり理解しておこう。

この供給の変化の要因,図では供給曲線をシフトさせる要因には,①生産者の数,②生産要素サービスの価格(賃金,利子,地代),③技術進歩,④他の財の価格,⑤課税(たとえば間接税),⑥補助金,⑦豊作などがある。これらの要因の変化によって,供給曲線が右,左いずれにシフトするかについて,ポイントとなるのは,需要曲線のシフトの場合と同様に,価格が変わらなくても供給量が増えるのか減るのかということである。もし,供給量が増えれば供給

曲線は右に，供給量が減ればそれは左にシフトする。りんごの例で少し練習しておこう。①のりんごの生産者が増えた場合，りんごの価格が変わらなくてもその供給量は増えるから，りんごの供給曲線は右にシフトする。②のりんごの生産者が土地を借りていてその地代が上昇した場合，りんごの供給量は減少するから，供給曲線は左にシフトする。③のりんごを生産する技術が向上した場合，りんごの供給量は増えるから，その供給曲線は右にシフトする。④の課税，たとえばりんご1個に付きいくらといった間接税が課せられた場合，その供給量は減少するから，この場合も供給曲線は左にシフトする。⑦のりんごが豊作になった場合も，りんごの供給量は増えるからそれは右にシフトする。

　いま，需要曲線のシフトと供給曲線のシフトについてみたが，需要曲線のシフトが供給曲線のシフトを引き起こしたり，また逆に供給曲線のシフトが需要曲線のシフトを引き起こしたりする場合があるのだろうか。結論的には，そのようなことはないのである。というのは，需要を変化させる要因と供給を変化させる要因は別だからである。要するに，需要曲線のシフトと供給曲線のシフトはそれぞれ独立しているのである。

　普段の学習上，各種の試験対策上では，いまみたように需要の要因と供給の変化の要因には10個以上あるが，どの要因がどの曲線をシフトさせるのか，さらにはその要因の変化によって曲線が右，左いずれにシフトするのかを理解しておくことがポイントとなる。さらには，このシフト概念は，需要曲線，供給曲線のシフト以外にも経済学では登場するのでしっかり理解しておこう。

4 需要と供給の価格弾力性

　価格と需要量の関係，価格と供給量の関係についてみたが，価格と需要量は負の関係，つまり価格が上がれば需要量は減少し，価格が下がれば需要量は増加するということがわかった。一方，価格と供給量は正の関係，つまり価格が上がれば供給量は増加し，価格が下がれば供給量は減少するということが分った。つぎに，ポイントとなるのが，価格が上がれば需要量がどの程度減少するか，価格上がれば供給量はどの程度増加するかについての理解である。そこで，価格の変化が需要量の変化にどの程度影響を与えるか，また価格の変化が供給

量の変化にどの程度影響を与えるかについてみてみよう。その影響の程度を示す概念に,「弾力性」がある。この弾力性の概念は,経済学における重要な概念の1つであり,試験でもよく問題にされる事項である。弾力性は,数学的にいえば,2つ変数があって,一方の変数の変化が他方の変数の変化にどの程度影響を与えるかを示したものであるが,その2つの変数を何にするかによって,経済学において各種の弾力性の概念が登場するから,しっかり理解しておく必要がある。なかでも,最も基礎的で,よく問題にもされる需要の価格弾力性からはじめよう。

1 需要の価格弾力性

　需要の価格弾力性とは,ある財・サービスの価格の変化によって,その財・サービスの需要量がどの程度変化するかを示すものである。すでにみたように,価格が上がると需要量は減少するが,**需要の価格弾力性**は価格が何％か上がった場合需要量が何％減るかを示したものである。言い換えれば,それは価格の変化に対して需要がどの程度敏感に反応するかを示したものでもある。この需要の価格弾力性は,この後詳しく説明するが,1つには財・サービスによって異なり,それが小さい財・サービスもあれば大きい財・サービスもあるのである。

　いま,価格をP,需要量をDとすれば,需要の価格弾力性（Ed）はつぎのようになる。

$$Ed = -\frac{\frac{\varDelta D}{D}}{\frac{\varDelta P}{P}} \qquad (1)$$

　ここで,式の前にマイナスの符号をつけているのは,この弾力性の値をプラス（正）にするためである。というのは,価格と需要量は負の関係にあるから,価格が上がれば需要量は減少し,逆に価格が下がれば需要量は増加し,このマイナスをつけておかないと弾力性の値がマイナスになってしまうからである。経済学では,一般に需要の価格弾力性は絶対値で表わす。需要の価格弾力性は,

上の式のように示されるが，$\frac{\varDelta D}{D}$ は需要量の変化率，$\frac{\varDelta P}{P}$ は価格の変化率であるから，つぎのようになる。

$$需要の価格弾力性 = \frac{需要量の変化率}{価格の変化率} \tag{2}$$

あるいは，よりわかり易い百分率変化で示せば，

$$需要の価格弾力性 = \frac{需要量の百分率変化}{価格の百分率変化} \tag{3}$$

となる。

数値例をあげて，説明しておこう。いま，りんごの価格が100円から120円に値上げされ，その需要量が1,000個から900個に減少したとしよう。この場合の需要の価格弾力性（Ed）を百分率変化で計算すると，分母の価格の百分率変化は20％，分子の需要量の百分率変化は10％であるから，$Ed = \frac{10.\%}{20\%}$ となり，$Ed = \frac{1}{2} = 0.5$ となる。この簡単な数値例では，百分率変化を暗算でも求められるが，少し複雑になると上記の(1)に代入して計算しなければならない。それをこのりんごの数値例で計算すると，

$$Ed = -\frac{\frac{(-100)}{1000}}{\frac{20}{100}} = \frac{\frac{1}{10}}{\frac{1}{5}} = \frac{1}{2} = 0.5$$

となる。

この需要の価格弾力性には，3つのケースがある。ある財やサービスに対する需要は，その財やサービスの価格の変化によって変化するが，先にも少し述べたようにその変化の程度は必ずしも一様ではなく，たとえ価格の変化が同じであっても，その需要量に与える影響は大きい場合もあれば小さい場合もあり，また変わらない場合もある。このように，価格の変化に応ずる需要の変化には，3つのケースがある。ケース1は，価格の百分率変化と需要量の百分率変化が同じ場合，Ed＝1となり，これは単位弾力性という。ケース2は，価格の変化に対して需要の変化の程度が大きい場合で，これは価格の百分率変化に比べ

て需要量の百分率変化が大きい場合である。この場合，Ｅｄ＞１となり，弾力性大ないし弾力的という。ケース３は，価格の変化に対して需要の変化が小さい場合で，これは価格の百分率変化に比べて需要量の百分率変化が小さい場合である。この場合，上の数値例の場合のようにＥｄ＜１となり，弾力性小ないし非弾力的という。

ところで，この需要の価格弾力性は，需要曲線が線型の場合，「価格が高く需要量が少ない」ほど大きくなる。この点も，よく問題にされるので，しっかり理解しておこう。なぜ，そうなるのかについては，第３章で詳しく説明する。また，この需要の価格弾力性と需要曲線の関係であるが，需要の価格弾力性が大きいか小さいかは，便宜的には需要曲線の傾きによって捉えられる。需要曲線の傾きが緩やかなほど，Ｅｄは大きく，その傾きが急なほどＥｄは小さくなる。言い換えれば，Ｅｄが大きいほど需要曲線の傾きは緩やかになり，Ｅｄが小さいほど需要曲線の傾きは急となる。そのような需要曲線の極端な場合も，理解しておく必要がある。需要曲線が横軸に平行になった場合，Ｅｄは完全に弾力的となり，数学的には無限大となる。逆に，需要曲線が横軸に垂直になった場合，Ｅｄは完全に非弾力的となり，数学的にはゼロとなる。なお，この需要の価格弾力性と需要曲線の傾きの関係は，上記の(1)を使って説明できるが，ここでは省略する。

つぎに，需要の価格弾力性と総収入の関係についてみておこう。Ｅｄ＞１のときには，価格が上がった場合総収入は減少し，逆に価格が下がった場合総収入は増加する。このように，Ｅｄ＞１の場合には，価格の変化と総収入の変化とは逆方向に変化する。なぜそうなるのかについて，図を用いて説明してみよう。図１－３の左の弾力的な場合（Ｅｄ＞１のとき），需要曲線の下にできる長方形の面積は価格×需要量（販売量），つまり総収入を示すから，いま価格がＰ１からＰ２に下がると，総収入は$P_1 0 Q_1 A$から$P_2 0 Q_2 B$となり，その両者の面積の大きさを比べると，値下がり後の方が大きくなるから，総収入は増加する。右図の非弾力的な場合（Ｅｄ＜１のとき）には，価格がＰ１からＰ２に下がると，総収入は$P_1 0 Q_3 A$から$P_2 0 Q_4 B$となり，値下がり後の方がその面積は小さくなるから，総収入は減少する。Ｅｄ＜１のときには，価格が下がると総収入は減少し，逆に価格が上がると総収入は増加する。このように，Ｅｄ＜

1の場合には，価格の変化と総収入の変化は同方向に変化する。さらに，Ed＝1のときには，価格が上がって下がっても総収入は変わらない。

先のりんごの数値例の場合について，総収入を計算すると，りんごが値上がりする前のそれは，100円×1000個＝100,000円で，値上がり後のそれは120円×900個＝108,000円となり，総収入は増加する。このように，りんごの値上がり後総収入は増加しているが，先に計算したようにEdは0.5であるから，それはEd＜1のときには価格が上昇すると総収入は増加するという上記の説明とも合致する。なお，需要の価格弾力性の大小によって，ある財の値上がり後の総収入が増えるのか減るのかを捉える場合には，つぎの式を用いて需要の価格弾力性を求めることが望ましい。というのは，先の(1)式を用いて需要の価格弾力性を計算して，Edが1前後の1に近い値になった場合には，上記の説明に合致しない場合がみられるからである。

$$Ed = - \frac{\frac{\varDelta D}{(D_1+D_2)/2}}{\frac{\varDelta P}{(P_1+P_2)/2}} \tag{4}$$

ここで，P_1は値上がり前の価格，P_2は値上がり後の価格，D_1は値上がり前

図1-3 需要の価格弾力性と総収入

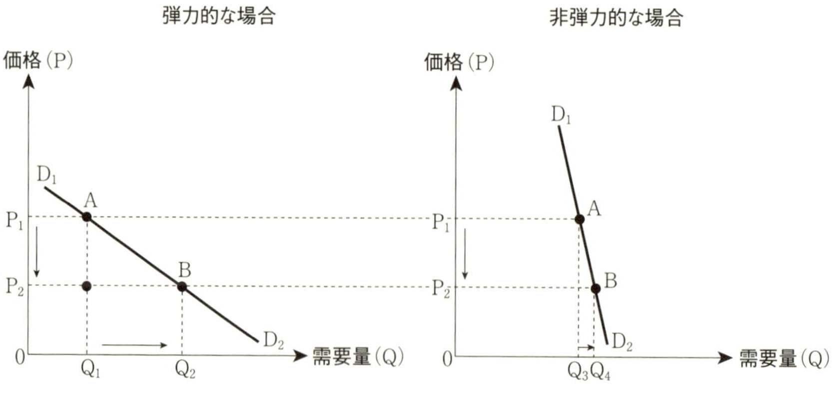

の需要量，D_2は値上がり後の需要量である。

最後に，需要の価格弾力性を決定する要因についていくつかみておこう。それには，①必需品か奢侈品（ぜいたく品）か，②代替財が存在するかどうか，③価格の変化に対して需要を調整する時間が短いか長いか，④所得（予算）に占めるその財の価格の割合（相対的重要性）が大きいか小さいか，といった要因がある。まず，①の必需品の場合，トイレットペーパー，洗剤，通勤・通学の公共輸送サービスにみられるように価格が上がっても下がってもその需要に与える影響は小さいから，Edは小さい。したがって，必需的なものであればあるほど，Edは小さくなる。逆に，ぜいたくなものであればあるほど，Edは大きくなる。一般に，必需品の需要の価格弾力性は小さく，奢侈品のそれは大きいといえる。さらに言えば，必需品は，価格の変化に対して需要があまり敏感に反応しないが，奢侈品は敏感に反応するのである。需要曲線の傾きとの関係でいえば，必需的なものであればあるほど，その傾きは急となる。②の代替財が存在しない場合には，価格が上がっても下がってもその財を需要せざるを得ないから，需要に与える影響は小さく，Edは非弾力的となる。逆に，代替財が存在し，その数が増えれば増えるほど，価格の変化に対して代替できる可能性が高まるから，Edは弾力的となる。③の価格の変化に対して需要を調整する時間が短い場合には，Edは小さくなる。というのは，時間が経てば価格の変化に対して需要を変える時間的な余地もあるが，時間が短い場合にはその余地がないからである。さらに，④の所得（予算）の占めるその財の価格の割合が大きいか小さいかが弾力性の大小に影響を与える。その割合が大きいほどEdは大きく，逆にその割合が小さいほどEdは小さくなる。

2 供給の価格弾力性

価格と供給量の関係は，すでにみたように価格が上がれば供給量は増加し，逆に価格が下がれば供給量は減少するという関係があるが，**供給の価格弾力性**とは価格が何％か上昇した場合供給量が何％増えるかという変化の程度を示した概念である。いま，価格をP，供給量をSとすれば，供給の価格弾力性（E_s）はつぎの式で示される。

$$Es = \frac{\frac{\Delta S}{S}}{\frac{\Delta P}{P}}$$

したがって，供給の価格弾力性は，

$$供給の価格弾力性 = \frac{供給量の変化率}{価格の変化率}$$

となる。それをよりわかり易い百分率変化で示せば，

$$供給の価格弾力性 = \frac{供給量の百分率変化}{価格の百分率変化}$$

となる。

　この供給の価格弾力性も，需要の価格弾力性と同様に，3つのケースがある。①価格の百分率変化と供給量の百分率変化が同じ場合で，この場合Es＝1となる。②はEs＞1の場合で，これは価格の百分率変化より供給量の百分率変化が大きい場合である。③は，Es＜1の場合で，これはその逆の場合である。

　この供給の価格弾力性を決定する要因にもいくつかあるが，そのなかで最も重要な要因は，価格の変化に対して供給を調整するのに要する時間である。価格の変化に対して供給を調整する時間的余裕がないときには，Esは小さくなる。たとえば，農産物の場合には，たとえその価格が上昇しても，急には供給を増やすことができないから，短期にはその供給の価格弾力性は小さい。

　つぎに，この供給の価格弾力性と供給曲線との関係は，需要の価格弾力性と需要曲線との関係と同様に，供給曲線は右上がりで向きは違うが，その傾きが急なほどEsは小さく，逆にその傾きが緩やかな程Esは大きくなる。いま，原点を通る45度線をEs＝1のときの供給曲線（直線）とすると，この45度線より緩やかな右上がり直線がEs＞1のときの供給曲線，逆にその45度線より急な右上がりの直線がEs＜1のときの供給曲線となる。

　ここで，1つ覚えておくと試験で役に立つことがある。それは，この供給の価格弾力性と供給曲線との関係，需要の価格弾力性と需要曲線との関係について，一般に需要曲線は右下がりで，供給曲線は右上がりで，両者が向きは違うが，その傾きが急なほど弾力性は小さく，緩やかなほどそれは大きくなるとい

うことである。

5 市場価格の決定とその変化

　これまで，市場における価格と需要，価格と供給の関係についてみてきたが，つぎに市場の機能が最大限に発揮される理想的な市場である完全競争市場では，価格はどのように決定されるのかであろうか。これは，ある財の需要と供給の関係から価格の決定を考えることに他ならない。いま，図1-4で，D曲線をある財の市場需要曲線，S曲線をその財の市場供給曲線とする。市場需要曲線は，買い手がさまざまな価格に対してどれだけ購入しようとしているのかを示し，それは図では縦軸からその需要曲線までの長さによってわかる。言い換えれば，その長さは，さまざま価格に対する買手の購入したい量を示している。一方，市場供給曲線は，売り手がさまざまな価格に対してどれだけ売ろうとしているのかを示し，それは図では縦軸からその供給曲線までの長さによってわかる。その長さは，さまざまな価格に対する売り手の売りたい量を示している。この財の価格はD曲線とS曲線の交点，つまり均衡点Eに対応してP_0の水準に決定される。このようにして決定される価格は，**市場均衡価格**ないし競争価格と呼ばれる。この均衡価格は，需要量と供給量を等しく価格であり，さらにいえば買い手の買いたい量と売り手の売りたい量を等しくする価格である。完全競争市場では，すでにみたように価格が唯一の取引を調整する要因となるから，価格による調整によって，需要量と供給量が等しくなる状態，つまり市場均衡が達成される。この**市場均衡**が達成されるまでの調整プロセスを説明する考え方に，「**ワルラス的調整過程**」と「**マーシャル的調整過程**」がある。この両者の詳しい説明は，『コンテンポラリー経済学入門』第4章を参照されたい。

　つぎに，そのような市場均衡価格は，どのような要因で変化するのかをみてみよう。それは，需要の変化や供給の変化によって変化する。図でいえば，それは，需要曲線がシフトしたり，供給曲線がシフトすると変化する。需要の変化と供給の変化の要因については，すでに先の3でみたが，まず需要の変化の要因のうち消費者の所得が増えたときの均衡価格がどう変化するのかみてみよう。消費者の所得が増えると，需要曲線が右にシフトするから，図1-5にみ

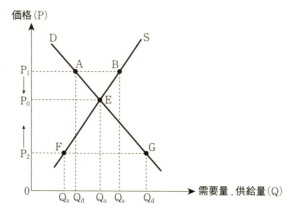

図1-4 市場価格の決定

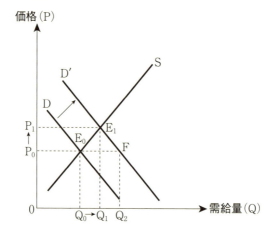

図1-5 需要が増えた時（所得が増えた場合）

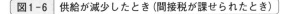
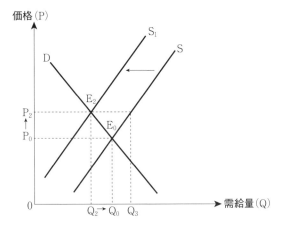

られるように均衡点は E_1 となり，均衡価格は P_0 から P_1 に上昇する。このように，所得が増えると，均衡価格は上昇する。

つぎに，供給の変化の要因のうちの間接税，ここでは財1個につきいくらという間接税が課せられたとすると，供給曲線が左にシフトし，均衡点は E_2 となり，均衡価格は P_0 から P_2 に上昇する（**図表1-6**）。このように，間接税が課せられると，均衡価格は上昇する。さらに，需要と供給が同時に変化した場合，均衡価格はどのように変化するであろうか。ここでは，需要も供給も増えた場合をみてみよう。この場合，需要曲線も供給曲線も右にシフトするが，需要の増加と供給の増加が同じ場合，均衡価格は変わらない。しかし，需要の増加に比べて供給の増加が小さいとき（ケース1）には，均衡価格は上昇するが，需要の増加に比べて供給の増加が大きい場合（ケース2）には，均衡価格は低下する（**図表1-7**）。このように，需要と供給が同時に増加した場合には，均衡需給量は明らかに増加するといえるが，均衡価格がどこに落ち着くかは明らかでない。

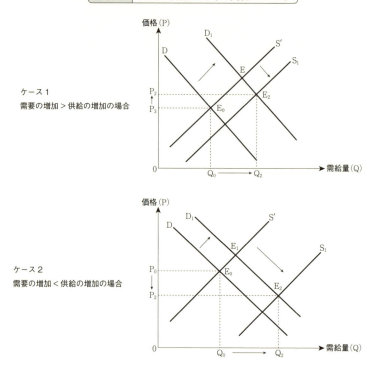

図1-7 需要と供給が同時に変化したとき

ケース1
需要の増加＞供給の増加の場合

ケース2
需要の増加＜供給の増加の場合

6 消費者行動と企業行動

1 消費者行動の理論

　消費者は，さまざまな財やサービスを消費するが，その消費の目的は何であろうか。財やサービスを消費すると，効用を得ることができるが，消費者は予算制約の下でその効用の最大化を目的に財やサービスを消費する。そのような消費者の行動を説明する理論は，基数的アプローチと序数的アプローチに大別される。まず，消費の理論に登場する効用概念について少し説明しておこう。

消費者は，財やサービスを消費すると満足を得ることができるが，効用とはその満足のことという。その効用は，消費する量と関係する。ある財やサービスの効用は，一定ではなく，消費する量によって異なってくる。つまり，その消費する量が多くなるほど，それによって全体として得られる効用は大きくなる。このように，消費者がある財やサービスの一定量を一定期間にわたって消費するとき，消費量全体から得られる効用の大きさを**総効用**という。この総効用は，財やサービスの消費量が増加するにつれて大きくなるが，消費量がある限度を超えると減少することもある。しかし，消費量が増えるごとに増える効用，言い換えれば消費量を一単位増やしたときの追加的効用は，消費量が増えると次第に減少する。この追加的効用のことを**限界効用**というが，それは消費量が増えると次第に減少するという性質をもっている。そのようなことが多くの消費者にとって言えることから，それは**限界効用逓減の法則**を呼ばれる。

さて，消費者行動の理論の1つである限界効用逓減の法則は，いまみたような効用を1，2，3というように数値的に測ることができることを仮定して消費者の行動を説明しようとする理論であり，もう1つの**序数的アプローチ**は欲しい財やサービスを一番目，二番目，三番目というように序数的に欲しい順位をつけられることを仮定して消費者の行動を説明する理論である。両者の違いを簡潔に言えば，前者では，たとえばコーヒーを1杯消費したとき得られる効用を100とか200とか数値的に測ることができると仮定するのに対して，後者では，そのように数値的に測れなくても一番欲しいのがコーヒー，二番目に欲しいのが紅茶というようにほしい順位をつけることができることを仮定して説明する理論である。

まず，基数的アプローチから始めると，いま消費者の所得と各消費財の市場での価格が与えられている場合，どのようにすれば消費者は消費者均衡，すなわち各消費財を合理的に選択することによって最大満足に達した状態を達成できるのであろうか。この場合の消費者均衡の条件を2つの消費財，たとえばりんごとみかんだけについてみると，

$$\frac{りんごの限界効用}{りんごの価格}=\frac{みかんの限界効用}{みかんの価格}$$

となる。消費者は，この条件を満たすようにりんごとみかんの購入量を決定

すれば消費者均衡が達成されるのである。この式の限界効用／価格は貨幣単位あたり限界効用，つまり1円当たりの追加的効用を意味するから，消費者はりんごとみかんのそれが等しくなるようにりんごとみかんの購入量を決定すれば，一定の所得支出で最大の満足を得ることができるのである。この消費者均衡の条件式は，りんごとみかんの限界効用にそれぞれの価格の逆数が加重されて均等になるとき消費者均衡が達成されることを意味することから，**加重限界効用均等の法則**と呼ばれる。要するに，基数的アプローチでは，この法則を満足するように各消費財の購入量を決定すれば，消費者は一定の所得支出で最大の満足を得ることができるとされるのである。

　ところで，このような基数的アプローチでは効用を数値的に測定できるとしているが，そのためには客観的な尺度が必要となる。しかし，それは主観的な評価体系では不可能であるから，主観的な効用の測定を直接行わずに客観的に測定しようとする試みが序数的アプローチの方法としてパレートによってなされはじめ，その後それはヒックスによって**選好の理論**として完成された。この序数的アプローチは，すでにみたように欲しい順位をつけられることを仮定して消費者行動を説明しようとする理論であるが，効用水準が高いとか低いとかいう効用の比較が必要となる。その際の分析用具として考えられたのが，**無差別曲線**である。この無差別曲線を用いた消費者行動の説明は，第2章で詳しく行うが，ここではポイントとなる点をいくつかみておこう。

　まず，無差別曲線とはどのような曲線で，どのような特徴をもった曲線なのだろうか。無差別曲線とは，消費者に等しい効用（満足）をもたらす2財の異なった組み合せを示した曲線である。この無差別曲線には，つぎのような4つの特徴がある。①右下がりの曲線になること。②原点に対して凸の曲線になること。③原点から遠ざかって右上方にシフトするほど効用指標が高くなること。④互いに交差しないこと。

　つぎに，無差別曲線を用いて消費者行動を説明する場合，限界効用を無差別曲線上に示さなければならなくなるが，そのとき必要となるのが**限界代替率**という概念である。限界代替率は，いま2財をX財とY財とし，それぞれの購入量をx，yとすると，つぎの式で示される。

$$\text{X財のY財に対する限界代替率} = \frac{\text{Y財の減少量}}{\text{X財の増加量}} = -\frac{\Delta y}{\Delta x}$$

いま，この式のΔxを限りなくゼロに近づけると，$-\frac{\Delta y}{\Delta x}$は無差別曲線上の各点における接線の傾きとなる。すなわち，限界代替率は，無差別曲線上の任意の点における接線の傾きによって求められる。この接線の傾きは，X財の購入量が増えるにつれて緩やかになるが，これは限界代替率がX財の購入量の増加にともなって逓減するという**限界代替率逓減の法則**を示している。この法則は，X財の購入量の増加につれて，X財の一定量がより少ないY財の量によって置き換えられるようになるから，X財のY財に対する相対的な代替価値が逓減し，逆にY財のX財に対するそれが逓増することを意味している。この限界代替率逓減の法則は**代替法則**とも呼ばれる。

さらに，この無差別曲線を用いた消費者行動の理論においても，消費者の所得と消費財の価格は与えられたものとして，消費者均衡の条件を求めていくことになるが，まずその基礎的なケースとなるのが，消費者の所得ないし予算と消費財の価格が変化しない場合の消費者均衡のケースである。つぎに，所得が変化した場合のその消費者均衡の変化，さらに価格が変化した場合の消費者均衡の変化などについての理解がポイントとなる。

特に，重要となるのが，消費者行動の理論の山場ともいえる価格が変化した場合の消費者均衡の変化についての理解である。それは，なぜ需要曲線は一般に右下がりとなるのか，価格の変化にはどのような働きがあるのかなどを理解する上で重要となる。価格の変化には，**所得効果**と**代替効果**という2つの働きがあるが，所得効果とは価格の変化，たとえば価格の低下には消費者の所得を実質的に増やす（実質所得を増やす）働きがあることをいう。キーワードは，「実質的に」か，「実質所得」という用語である。一方，代替効果とは，価格の変化には相対価格を変化させる働きのあることをいうが，たとえば，ある財の価格が変化しなくても，他の財の価格が下がれば，その財は他の財に比べて相対的に高くなるのである。キーワードは，「相対的に」か，「相対価格」という用語である。価格の変化のこ2つの効果，つまり所得効果と代替効果が合わさって，価格が下がると消費は増えるから，一般に需要曲線は右下がりとなるのである。詳しくは，第3章の需要曲線の導出の項で説明する。

2　企業行動

　企業行動の理論では，2つの問題が重要となる。1つは，企業に最大利潤をもたらす生産量の決定の問題であり，もう1つは総費用を最小にするような生産方法，すなわち各生産要素の組み合わせの決定の問題である。前者については，第4章で，後者については第5章で詳しく説明する。

(1)　最大利潤をもたらす生産量の決定
　まず，ここでは，総費用，固定費用，可変費用，平均費用，限界費用など各種の費用概念とともに，とくに限界費用や限界収入の概念をしっかり理解し，利潤を最大化する生産量がいかにして決定されるのかを理解することがポイントとなる。
　企業の利潤を最大にする生産量の決定について少しみておこう。企業の生産の目的は，利潤の最大化にあるが，利潤＝総収入－総費用であり，さらにいえば利潤＝価格×販売量－平均費用×生産量となる。利潤を最大化するためには，総収入を最大化し，総費用を最小化することが求められる。そのためには，まず平均費用を引下げ，最小化することが求められるが，それによって価格を引き下げ，販売量を増やせれば，総収入の最大化が可能となる。そうすれば，利潤の最大化を図ることができる。
　ところで，企業は何個ないし何トン生産すれば，利潤を最大にできるかが最大の課題である。この課題の経済学的な解決法は，どのようにすればよいのであろうか。経済学的に言えば，企業は**限界収入＝限界費用**となるように生産量を決定すれば，利潤を最大にすることができるとされる。企業は，生産量を1個増やしたときの追加的費用，つまり限界費用と，そのときの追加的収入，つまり限界収入が等しくなるように生産量を決定すれば，利潤の最大化が図れるとされるのである。もう少しイメージし易い例をあげよう。いま，タクシー会社が利潤を最大にする車両数を何台にするかを決定しようとする場合を考えてみよう。車両数を1台増やすと，車両費，人件費，燃料費などの追加的費用が発生するが，他方車両数の増加によって収入も追加的に増える。この追加的収

入（限界収入）と追加的費用（限界費用）が等しくなるように車両数を決定すれば，タクシー会社は利潤を最大にする車両数を決定できるとされる。

(2) 総費用を最小にする生産方法の決定

企業行動の理論のもう1つの問題は，総費用を最小にする生産方法，すなわち各生産要素の組み合わせの決定の問題である。ここでは，限界生産力，生産関数などの概念，さらに生産の無差別曲線とも呼ばれる**等産出量曲線**などについて理解を深め，総費用を最小にする生産方法がいかにして決定されるのかを理解することがポイントとなる。

企業にとって，総費用を最小にする，言い換えれば一定の費用で最大の生産量をもたらす生産方法（生産要素の組み合わせ）の決定が問題となる。いま，企業は，労働と資本を使って一定の費用で生産するものとする。一定の費用で最大の生産量をもたらす労働と資本の組み合わせは，図では等産出量曲線と**等費用線**の接点（最適生産点）に対応して決定される。経済学的にいえば，それは労働と資本の間の限界代替率と，労働と資本の価格比率（賃金に対する利子の比率）が等しくなることを意味する。要するに，一定の費用で最大の生産量をもたらす生産方法，すなわち労働と資本の組み合わせとなるための均衡条件は，労働と資本の限界代替率＝労働と資本の価格比率となることである。

第2章

消費者行動

キーワード

- **無差別曲線**
  同水準の効用をもたらす財の組み合わせ，言い換えると消費者が無差別に選択する財の組み合わせを示した曲線である。
- **無差別曲線の特徴**
  1. 右上方に位置する無差別曲線ほど効用が大きい。
  2. 無差別曲線は負の傾きをもっている。
  3. 2財で示された空間には無数の無差別曲線が存在する。
  4. 無差別曲線は互いに交わらない。
  5. 無差別曲線は原点から凹の形状で描かれる。
- **限界代替率**
  効用を同水準に保つため，Y財を失う代わりに獲得しなければならないX財の数量を示している。限界代替率の傾きは$-\frac{\Delta y}{\Delta x}$である。
- **予算線**
  消費者が購入できる財・サービスの範囲である。予算線の傾きは$-\frac{p_x}{p_y}$である。
- **消費者行動**
  消費者の効用最大化行動のことであり，消費者の効用メニューである無差別曲線と予算線から示される。
- **効用最大化の条件**
  無差別曲線と予算線が1点で接している点で示され，限界代替率と価格比が一致している。

消費者の行動は需要曲線として描写され，需要曲線の高さは，ある特定の財・サービスの価格と数量の関係，需要者が支払う最大の金額，需要者が購入する財・サービスから得られる満足（効用）の大きさを示していた。また，需要の法則により，需要曲線が右下がりの曲線として描かれていた。

需要曲線は，他の条件が一定ということを前提としており，他の条件が変化すれば，需要曲線はシフトした。さらに，需要曲線の価格弾力性のちがいにより，財の性質が異なっていることを示すことができた。

加えて，需要曲線と効用との関係から，消費者余剰という厚生を示す概念が提示されていた。

この章では，これらを前提にして，需要曲線が効用最大化を目的とする消費者行動をどのように取り込んでいるかを具体的に考察する。むろん，消費者の効用最大化を実現するためには，消費者の欲望の大きさと消費者の所得という制約の2つの条件が必要になる。2つの条件から示される消費者均衡点によって，需要曲線は，消費者の効用最大化を示した曲線ということができるのである。

1 効用

効用（Utility）は，財・サービスの消費から得られる満足のことである。

効用には，消費から得られる効用すべてを示した総効用と，消費が増加した時に，その消費の増加分に対する満足の増加分を示した限界効用の2種類があるが，この章での説明では，限界効用が主な対象となる。限界効用の法則としては，図2-1で示すように，消費の増加とともに限界効用が MU から MU_1（$MU>MU_1$）へと減少するという限界効用逓減の法則，消費の増加とともに限界効用が MU から MU_2（$MU<MU_2$）へと増加するという限界効用逓増の法則，そして貨幣のように消費の増加とともに一定の限界効用で増加するという法則がある。消費がほぼ同一時間内に行われるという通常の生活から判断すると，これらの3法則のうち，限界効用逓減の法則が広く妥当する法則で

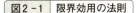

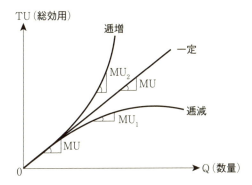

あると考えられる。

ところで、効用の大きさについて、H.H. ゴッセン、W.S. ジェヴォンズ、L. ワルラス等の初期の効用価値論者は、それぞれの財・サービスについて、効用は具体的な数値で示されるものであり、それらは加算・減算できると考えていた。これは基数的効用論と呼ばれている。しかし、この主張に対して、効用の大きさが基数的に測定できるという想定に対して、批判が発生した。

F.Y. エッジワース、I. フィッシャー等がこの点を改善した。彼らは、効用を非加算的ではあるが、測定可能であり、単に消費される財・サービスごとに独立した効用の総和ではないということを前提にした。しかし、ここでもまだ基数的に可測可能な効用という仮定が残されている。

そこで、V. パレートが効用が基数的に測定可能という前提を用いることなしに、効用を提示することになる。これが、序数的効用論と呼ばれており、効用の等高線を示した無差別曲線（indifference curves）が提示されることとなる。無差別曲線は、**図2-2①**に示すように、横軸にX財、縦軸にY財、垂直軸に効用Uの大きさを示す3次元の空間から導出される。X財、Y財とも限界効用逓減の法則が当てはまるために垂直軸では上方に凸型の曲線であり、全体としては曲面として示される。**図2-2②**は、**図2-2①**の曲面を垂直軸の効用に高さによって切断したこれらの曲面の切り口を曲線で示したものであり、これ

図2-2 無差別曲線の導出

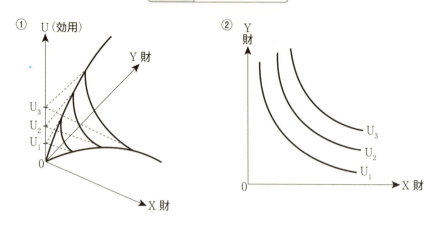

が無差別曲線と呼ばれる。したがって，同一曲線上のすべての点の効用はすべて同じ大きさということになる。この無差別曲線を導出するにあたって，x財とy財は互いに代替できるということが前提になっている。

無差別曲線

　消費者行動においては，まず最初に，消費者がどのように行動するかにあたって，消費者の行動のもととなる欲望の大きさを効用の大きさで示す。これが無差別曲線である。消費者は効用最大化行動という，より大きな効用を求めて行動する。無差別曲線は，前節で示したような手法から導出される。**無差別曲線の定義とは，同水準の効用をもたらす財の組み合わせ**であり，言い換えると消費者が無差別（どちらでもいいという状態）に選択する財の組み合わせを示した曲線である。これはつぎのような5つの性質をもっている。

（1）　右上方に位置する無差別曲線ほど効用が大きい。
　無差別曲線は**図2-2**①と**2-2**②に示しているように，効用の大きいほど右上方に位置する。

(2) 原点に対して凸で負の傾きをもっている。

縦軸と横軸に示される2財は互いに代替関係にあり，またそれぞれの財には限界効用逓減の法則が作用しているということを反映している。

(3) 2財で示された空間には無数の無差別曲線が存在する。

垂直軸で示される効用の大きさはその軸上のすべての点で示すことができるからである。

(4) 無差別曲線は互いに交わらない。

交わった無差別曲線上のすべての点は同じ効用水準を示しているため，線上の財の組み合わせでは，等効用の組み合わせを示すことができなくなるためである。

(5) 無差別曲線は原点から凹の形状で描かれる。

X財とY財は代替関係にあり，それぞれに限界効用逓減の法則が作用しているからである。

これらの性質をより具体的に示すと次のようになる。

(1)の性質は**図2-2**②と同様に，**図2-3**に示すようにI_1よりもI_2，I_2よりもI_3，I_3よりもI_4の無差別曲線のほうが効用が大きいことを示している。

(2)の性質は，両財が通常の代替財であれば，**図2-4**①のように示されるが，500円玉と100円玉のように1対5の割合，1000円札と500円玉のように1対2の割合で交換されるという完全代替財の場合には**図2-4**②，コーヒー1杯に砂糖2個を入れるあるいは紅茶1杯にレモン1枚のような両財が一定の比率で消費するような補完財の場合には**図2-4**③，互いに全く無関係の財の場合には**図2-4**④のように示される。ただし，**図2-4**④ではX財を対象としているため，X軸に垂直線が描かれているが，対象となる財・サービスがY財の場合には，Y軸に水平線を描く場合もある。ここでI_1, I_2, I_3の関係は，I_1よりもI_2，I_2よりもI_3の無差別曲線のほうが効用が大きいことを示している。

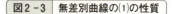

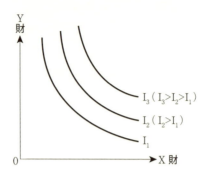

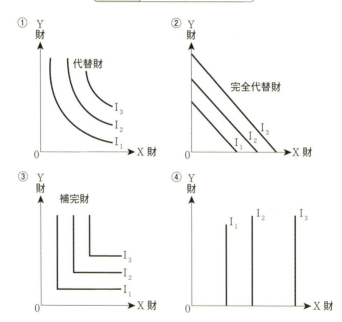

　(3)の性質は2財の空間では垂直軸の効用に対応した無差別曲線が無数に存在するということである。

　(4)の性質は**図2-5**に示すように，無差別曲線が交差した場合を想定する。

図2-5　無差別曲線の(4)の性質

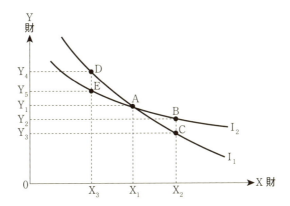

　無差別曲線I_1とI_2が交差しているため，両線上の各点はつねに同じ効用を示すはずである。無差別曲線I_1とI_2の交点Aでは，X財の数量がX_1であり，Y財の数量はY_1で同じである。しかし，I_1線上の交点Cでは，X財の数量がX_2の時には，Y財の数量はY_3であり，I_2線上の交点Bでは，X財の数量がX_2であるにもかかわらず，Y財の数量はY_2となり，点Cと点Bとで異なる効用水準を示すはずである。同様に，X財の数量がX_3の時には，I_2線上の点Eでは，Y財の数量はY_5であり，I_1線上の点Dでは，Y財の数量はY_4となり，点Eと点Dとで異なる効用水準を示すことになる。この結果，無差別曲線I_1とI_2が交差している点を除くと，無差別曲線I_1とI_2のそれぞれの線上の各点は異なる効用水準を示すことになる。これは，無差別曲線上の各点は同効用を示すという定義に反することになるため，無差別曲線は交差しないという結論になる。

　(5)の性質は，限界代替率（Marginal rate of substitution:MRS）との関係から説明される。**限界代替率**とは，無差別曲線上の各点の傾きを示している。つまり，**効用を同水準に保つため，Y財を失う代わりに獲得しなければならないX財の数量**を示している。図2-6①で示すように，A点で消費していた消費者がY財の消費量を減らしてB点へ移る場合，Y財の消費を減少させた効用をX財の増加によって補うということである。これを数式化すると式(1)の

図2-6 限界代替率

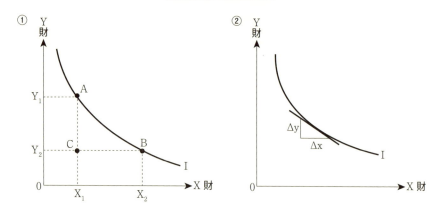

ようになる。

$$限界代替率 = \frac{0Y_1 - 0Y_2}{0X_1 - 0X_2} = \frac{CA}{CB} \tag{1}$$

上記の式(1)を一般化し，無差別曲線が右下がりの曲線であることを考慮するならば，**図2-6②**に示すようになり，また式(2)のようになる。ここで，MRSは限界代替率，Δx は X 財の増加分，Δy は Y 財の増加分を示している。

$$MRS = -\frac{\Delta y}{\Delta x} \tag{2}$$

無差別曲線は限界効用逓減の法則を前提としているため，X 財，Y 財の消費量が増えていけば，それぞれの財の限界効用は減少することになる。効用を同一にするためには，消費量の増大とともに，獲得すべき数量を増加しなければならないことを示している。したがって，限界代替率は，無差別曲線上を左から右へ移動するごとに逓減していくことになる。つまり，無差別曲線上では，**限界代替率逓減の法則**が作用することになり，(5)の性質を裏づける。限界代替率逓減の法則とは，同じ無差別曲線上では，X 財の消費が増えるにつれて，X 財の Y 財に対する限界代替率が減少することである。要するに，無差別曲線は原点から凹の形状で描かれることになる。

ところで，限界代替率と限界効用の関連についてみてみよう。限界代替率は

Y財で測ったX財の価値である。X財の1単位当たりの限界効用はMU_xであり，Y財の1単位当たりの限界効用はMU_yである。限界代替率の値も限界効用の比もともにX財の価値であるため，無差別曲線上では，次の式(3)が成立する。

$$MRS = \frac{MU_x}{MU_y} \tag{3}$$

3 予算制約

前節では，効用のメニューを示した無差別曲線を示したが，ここでは，消費者の制約条件を示す予算線についてみていこう。

消費者は財・サービスを購入するため，もっている所得を費やすということであるから，所得の大きさが制約条件になる。制約条件は，無差別曲線を示したのと同じX軸Y軸の空間の中で示すことができる。所得をI（income）とし，X財の価格をP_x，数量をxとし，Y財の価格をP_y，数量をyとするならば，

$$I = P_x x + P_y y$$

と示される。この式は予算線（Budget line）あるいは予算制約線と呼ばれる。つまり**予算線とは，消費者が購入できる財・サービスの大きさの範囲**を示している。

所得すべてをX財の購入に向けた場合のX財の購入量は$\frac{I}{p_x}$となり，所得のすべてをY財の購入に向けた場合のy財の購入量は$\frac{I}{p_y}$となる。

図2-7に示すように所得がIの場合には，X財の最大購入量がX軸の切片となり，Y財の最大購入量がY財の切片なる。したがって，予算線の傾きは，$-\frac{p_x}{p_y}$である。

図2-7で示しているように，消費者はX軸とY軸と予算線で区切られた三角形，予算空間内のすべての財・サービスの組み合わせを購入ができる。しかし消費者は消費による効用を最大化したいため，空間内の財の組み合わせではなく，予算線上の組み合わせを選択することになる。なぜなら，消費者はプライス・ティカーとして行動するため，自分の購入する財・サービスの数量だけ

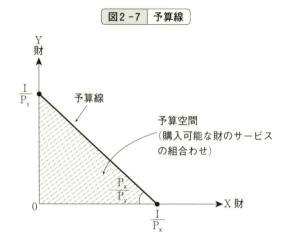

図2-7 予算線

図2-8 予算線の変化

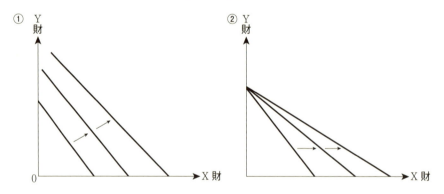

を変化することができるからである。

ところで、予算線は所得やX財やY財の価格の変化にともない変化する。**図2-8**①で示すように、所得が変化した場合は、所得の増加とともに予算線が右上方へシフトする（逆に所得が減少した場合は左下方にシフトする）。加えて、**図2-8**②で示すように、Y財の価格を一定として、X財の価格が下落した場合、予算線の傾きが緩やかになる。X財の価格が上昇した場合には、予

算線の傾きが急になる。

 ## 効用最大化行動

　消費者の効用最大化行動は，効用のメニュー，無差別曲線と所得という制約条件，予算線から示すことができる。両者を同一平面上に描写すれば，**図2-9**のようになる。この図では，無差別曲線，予算線とも数本表示している。

　図2-9においては，予算線を直線とし，無差別曲線I_1，I_2，I_3を示している。ここで消費者が購入できる財の組み合わせは，予算線内あるいは線上に示している無差別曲線I_1，I_2だけである。すなわち，**図2-9**のI_1，I_2線上の点A，B，Cは購入可能であるが，I_3上の点Dは購入不可能である。なぜなら，I_3は予算線内にないからである。

　さて，消費者は無差別曲線I_1，I_2の内どちらを選択するであろうか。消費者はより大きい効用を得るため，I_1よりもI_2だを選択する。つまり，無差別曲線と予算線が1点で接しているところで，消費者が最大の効用を獲得できる。言い換えれば，最大の効用を最も低い所得で獲得できる。

　消費者の行動目的は効用の最大化である。要するに，最大の効用を得る財・サービスの組み合わせを最小の所得で獲得することである。

図2-9　無差別曲線と予算線

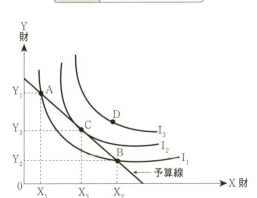

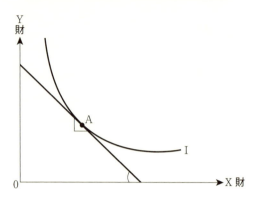

図2-10 効用最大化の条件（消費者均衡点）

図2-10で示すように，無差別曲線と予算線が接している点Aが最大の効用を獲得できる点である。この点では，無差別曲線の傾き，限界代替率と予算線の傾き，価格比が一致している。式(4)が成立する。

$$\text{MRS} = \frac{P_x}{P_y} \tag{4}$$

式(3)と式(4)から式(5)が導出される。式(5)ではX財，Y財の価格とそれぞれの限界効用との関係が示される。

$$\frac{MU_x}{P_x} = \frac{MU_y}{P_y} \tag{5}$$

この点は消費者均衡点と呼ばれる。消費者均衡点では，常に，式(5)が成立している。

要約すると，消費者行動とは**消費者の効用最大化行動**のことであり，消費者の効用メニューと予算線という制約条件から示される。つまり，無差別曲線と予算線が1点で接している点で示され，**限界代替率と価格比が一致**している。この点では式(4)と式(5)が成立している。

第 3 章

需要曲線の導出

キーワード

- 弾力性
  価格や所得の変化に対して，需要がどれだけ感応的かを測定するための分析概念である。
- 需要の価格弾力性
  価格の変化に対して需要量がどの程度，変化するかをみる。
- 需要の所得弾力性
  消費者の所得が変化したときに需要量がどの程度変化したかをみる。
- 交差弾力性
  関連する財の価格の変化が当該財の需要量にどの程度影響を与えているかをみる。
- 上級財（正常財）
  所得が増加したときに需要量が増加する財
- 下級財（劣等財）
  所得が増加するにつれ，需要量が減少する財
- 中級財（中立財）
  所得の変化に対して需要量が変わらない場合の財
- エンゲル曲線
  ある個人の所得と財の消費量の関係を表している。
- 代替効果
  効用を維持しつつも相対的に価格の安くなった財へ需要をシフトさせる効果である。
- 所得効果
  第1財の価格が下落することで，購入可能な財の量が増えるという意味での実質所得の変化である。

- 全部効果（価格効果）
  代替効果と所得効果を合計したもの。
- ギッフェン財
  代替効果を上回るほどに所得効果が大きい下級財である。

『コンテンポラリー経済学入門』の第2章では，需要曲線の傾きが需要の価格弾力性で表されることや社会の需要曲線は個人の需要曲線を総計したものであることを学んだ。また，第5章では需要の所得弾力性を用いて財を分類し，財の需要と所得の変化，価格の変化との関係を分析するためのツールについて学んだ。本章では，さらに，それらの考察・分析が行えるように詳細に解説し，需要曲線の導出を説明する。

1 弾力性

弾力性とは，価格や所得の変化に対して，需要がどれだけ感応的かを測定するための分析概念である。需要の弾力性は，変化分ではなく変化率を使って計算する。変化分ではなく変化率を使うことの理由は，単位に影響されない指標を求めるためである。弾力性は，ミクロ経済分析において重要であるが，**需要の価格弾力性**，**需要の所得弾力性**，**交差弾力性**について，以下で説明しよう。

1 需要の価格弾力性

需要の価格弾力性は，価格の変化に対して需要量がどの程度，変化するかをみる。需要の価格弾力性（Ed）は，価格の変化率と需要量の変化率で定義され，次式で表される。

$$Ed = -\frac{需要量の変化率}{価格の変化率} \tag{1}$$

需要の価格弾力性の式にマイナスが付くのは，需要の法則に関係している。需要の法則は，「価格が下がれば需要が増え，上がると需要は減る」というよ

うに，価格の変化に対して需要は逆方向に動くというものである．マイナスを付けずに需要の価格弾力性を定義すると，値がマイナスになるため，これを避けるために変化率の比にマイナスを付け，プラスの値になるようにする．

需要の価格弾力性は，ある財の価格が1％変化したときに需要量が何％変化するかを表している．価格の変化率は変化した価格（ΔP）をもとの価格(P)で割ることで求められ，需要量の変化率は変化した需要量（ΔQ）をもとの需要量（Q）で割ることで求められる．これを(1)式に代入すると，

$$Ed = -\frac{\frac{変化した需要量}{もとの需要量}}{\frac{変化した価格}{もとの価格}} = \frac{\frac{\Delta Q}{Q}}{\frac{\Delta P}{P}} \tag{2}$$

となる．さらに，変化した価格は新しい価格からもとの価格を引くことで，変化した需要量は新しい需要量からもとの需要量を引くことで求められるので，(2)式は

$$Ed = -\frac{\frac{変化した需要量 - もとの需要量}{もとの需要量}}{\frac{新しい価格 - もとの価格}{もとの価格}} \tag{3}$$

と表される．

たとえば，ある財の価格が100円から90円に下がったときに，需要量が50個から60個に増えたときの需要の価格弾力性はどうなるかを考えてみよう．価格の変化率は，$\frac{(90-100)}{100} = -0.1$となり，需要の変化率は，$\frac{(60-50)}{50} = 0.2$となるから，需要の価格弾力性（Ed）は $-\frac{0.2}{-0.1} = 2$ となる．このときのEd＝2は，価格が1％下落したとき，需要が2％増加したことを意味する．

需要の価格弾力性は，需要曲線の傾きを示している．需要曲線は，ある財・サービスの価格と数量の関係を示しているので，需要の価格弾力性は，その財の需要曲線の傾きやその財が持つ性質を表している．価格の変化率よりも需要量の変化率が大きい（Ed＞1）場合，需要は価格弾力的であるといい，需要曲線は**図3-1**のようになる．価格の変化率よりも需要量の変化率が小さい

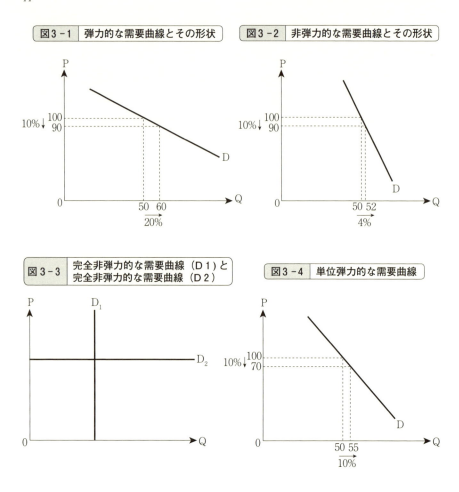

（Ed＜1）場合，需要は価格非弾力的であるといい，需要曲線は**図3-2**のようになる。

　価格に対して全く反応しないケースが完全非弾力的（Ed＝0），無限に大きく反応するケースが完全弾力的（Ed＝∞）であるという（**図3-3**）。価格の変化率と需要量の変化率が同じであるケースを単位弾力的（Ed＝1）という（**図3-4**）。

表3-1 需要の価格弾力性(Ed)

Ed＞1	弾力的	ぜいたく品
Ed＜1	非弾力的	必需品
Ed＝1	単位弾力的	

2　需要の価格弾力性の決定要因

　需要の価格弾力性は，価格の変化に対する需要量の変化を分析するものとして重要な役割をしている。需要の価格弾力性と財の種類をまとめたものが**表3-1**である。

　財・サービスによって価格弾力性が異なるのは，価格の変化に対して敏感に反応する財・サービスとあまり反応しない財・サービスがあるためである。ぜいたく品（奢侈品）は，価格が上がるとその財・サービスの消費をやめるか，他の財・サービスを選択する可能性が高くなる。すなわち，価格が変化するとその需要量が敏感に大きく変化するために，価格弾力性は1よりも大きくなる。生活に必要な必需品は他の財・サービスを選択する余地が少ない。すなわち，価格が変化してもその需要量があまり変化しないために，価格弾力性は1よりも小さくなる。

　代替財の存在が，需要の価格弾力性の決定要因である。ある財・サービスの価格が上がると，その財・サービスの消費をやめ，他の財・サービスに代替できる選択肢があればあるほど，価格弾力性は大きくなる。反対に，代替するものがない場合，価格弾力性は小さくなる。

3　需要の所得弾力性

　価格とともに所得も需要量に最も大きな影響を与える要因である。**需要の所得弾力性**は，消費者の所得が変化したときに需要量がどの程度変化したかをみる。考え方は需要の価格弾力性と同じであるが，基準（式の分母）が所得になるために，需要の所得弾力性(Ey)は，次式で表される。

$$Ey = \frac{需要量の変化率}{所得の変化率} \tag{4}$$

　需要の所得弾力性は，ある人の所得が1％変化したときに需要量が何％変化するかを表している。所得の変化率は変化した所得（ΔY）をもとの所得（Y）で割ることで求められ，需要量の変化率は変化した需要量（ΔQ）をもとの需要量（Q）で割ることで求められる。これを(4)式に代入すると，

$$Ey = \frac{\dfrac{変化した需要量}{もとの需要量}}{\dfrac{変化した所得}{もとの所得}} = \frac{\dfrac{\Delta Q}{Q}}{\dfrac{\Delta Y}{Y}} \tag{5}$$

となる。さらに，変化した所得は新しい所得からもとの所得を引くことで，変化した需要量は新しい需要量からもとの需要量を引くことで求められるので，(5)式は

$$Ey = \frac{\dfrac{新しい需要量 - もとの需要量}{もとの需要量}}{\dfrac{新しい所得 - もとの所得}{もとの所得}} \tag{6}$$

と表される。
　需要の価格弾力性の式と異なるのは，マイナスが付いていないことである。その理由は，所得が増加したときに，需要量が増える財と減る財があるからである。このことから，所得弾力性はマイナスからプラスの値を持つ。所得弾力性がプラスになるのは，所得が増えて，需要量が増加したときである。反対に，所得弾力性がマイナスになるのは，需要量が減少したときである。
　所得が増加し需要量が増加する財を**上級財（正常財）**といい，所得が増加するにつれ，需要量が減少する財を**下級財（劣等財）**という。上級財は，需要の所得弾力性がプラスになるが，その値が1より大きいか，小さいかで必需品とぜいたく品に区分される。所得弾力性が1より大きいぜいたく品は所得弾力的である。所得弾力性が1より小さい必需品は所得非弾力的である。所得の変化に対して需要量が変わらない場合（Ey=0）の財を**中級財（中立財）**という（**表3-2**）。

表3-2 需要の所得弾力性(Ey)

Ey > 0	上級財	Ey < 1	ぜいたく品
		0 < Ey < 1	必需品
Ey < 0	下級財		
Ey = 0	中級財		

4　交差弾力性

　価格や所得以外で，需要量に影響を与える要因として考えられるのが，当該財と関連する財の価格である。バターの需要量とパンの価格と密接に関係しているし，コーヒーと紅茶はお互いの需要量に影響を与えている。**交差弾力性**は，関連する財の価格の変化が当該財の需要量にどの程度影響を与えているかをみる。交差弾力性（Ez）は，

$$Ez = \frac{当該財の需要量の変化率}{関連する他の財の価格の変化率} = \frac{\frac{\Delta Q}{Q}}{\frac{\Delta Pz}{Pz}} \tag{7}$$

で計算される。

　当該財であるパンに関連する財としてのバターとの交差弾力性を分析してみよう。バターの価格が上昇すると式(7)の分母である $\frac{\Delta Pz}{Pz}$ はプラスになる。バターの価格が上昇するとバターの需要量は減少するので，その分だけパンの需要量も減少する。このことは，式(7)の分子である $\frac{\Delta Q}{Q}$ がマイナスになることを意味する。したがって，バターのパンに対する交差弾力性はマイナスになる。交差弾力性がマイナスになる2つの財は相互に補完しあう関係にあるので補完財と呼ばれる。

　コーヒーの交差弾力性を分析する際，紅茶の価格を使う場合はどうなるだろうか。コーヒーの価格が上がって，紅茶の価格がそのままのとき，コーヒーの価格は上がっているので需要量は減少する。このとき，コーヒーの価格の変化率はプラスになっている。消費者はコーヒーの代わりに価格がそのままの紅茶を飲むようになる。したがって，紅茶の需要量は増加するために，需要量の変

表3-3	交差弾力性(Ez)
プラス	2つの財は補完財
マイナス	2つの財は代替財
Ez=0	2つの財は無関係

化率はプラスとなる結果,交差弾力性はプラスになる。交差弾力性がプラスになる2つの財は互いに競争関係にあるので,代替財と呼ばれる(表3-3)。

前章で,予算制約の下で効用最大化する消費者の行動と財の需要が価格と所得に依存することを説明した。以下では,価格と所得の変化が需要に与える効果を分析し,その効果の違いにしたがって財を分類する。

所得変化と財の種類

1　所得の変化と財の種類

需要の所得弾力性の分析で,所得が増加したときに需要量が増加する財を上級財(正常財),所得が増加するにつれ,需要量が減少する財を下級財(劣等財),そして所得の変化に対して需要量が変わらない場合の財を中級財(中立財)と表3-2のように分類した。また,上級財は,需要の所得弾力性の値が1より大きいときがぜいたく品,1より小さいと必需品と区分した。

所得だけが変化すると予算制約線はどのように変化するだろうか。図3-5を用いて説明しよう。所得が増加すると予算制約線は,右上に平行にシフトする。その結果,最適消費点はEからE₁にシフトする。Eを変化前に消費者が需要していた点とするとEとE₁を比較すると2財の需要はともに増加している。普通は所得が増えると需要量が増加すると考えるのが正常であり,これが上級財(正常財)の説明である。所得が増えても需要量が減少する財もある。これが下級財である。下級財は劣等財とも呼ばれる。

消費対象の2財が同じ目的で消費される場合にこのような現象が見られる。たとえば,ブランドのシューズとノーブランドのシューズに対する消費である。

図3-5 上級財（正常財）のケース

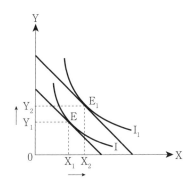

図3-6 下級財（劣等財）のケース

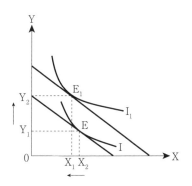

所得が少ないときは，ノーブランドのシューズを多く買っていたのが，所得が増えるとブランドのシューズを買うようになるのがこのケースに当たる。

これを図3-6で説明してみよう。横軸に下級財であるノーブランドのシューズの需要量（X）を縦軸にブランドのシューズの需要量（Y）をとる。所得の変化に伴い，予算制約線が右にシフトし，最適消費点もEからE_1にシフトしている。横軸のノーブランドのシューズの需要量は減少しているが，縦軸のブランドのシューズの需要量は増加している。このとき，ノーブランドのシューズが下級財，ブランドのシューズが上級財である。

2 所得消費曲線とエンゲル曲線

図3-5の最適消費点EとE_1を結んだものが**所得消費曲線**である（図3-7）。所得に応じて需要量が増えるために需要の所得弾力性は正になるとき，所得消費曲線の傾きは右上がりになる。所得が増加したとき，需要量が増加するのが上級財（正常財）であることは説明した。

反対に，所得が増加しても需要量が減少し，需要の所得弾力性が負になる財もある。それが，下級財（劣等財）である。たとえば，所得が増えるとハンバーグの需要量（X）を減らし，ステーキの需要量（Y）を増やす消費者のケースでは，ハンバーグは下級財になる場合もある。

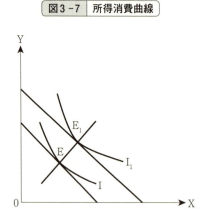

図3-7 所得消費曲線

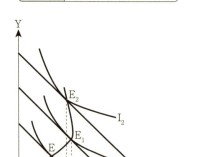

図3-8 下級財の所得消費曲線

　図3-8を用いて，これを説明しよう。図の所得消費曲線は，所得が比較的低いときはハンバーグもステーキも増える上級財であると説明できるが，さらに所得が向上し，E_1からE_2にかけて所得消費曲線は傾きが負になっており，ハンバーグが下級財になっている。その原因は，この所得層でのハンバーグの消費が所得の増加とともに減少するからである。

　所得消費曲線はエンゲル曲線を導出するのにも使われる。エンゲル曲線は，ある個人の所得と財の消費量の関係を表している（**図3-9**）。右上がりのエンゲル曲線はすべての上級財に当てはまる。**図3-10**は，**図3-8**ら導き出したハ

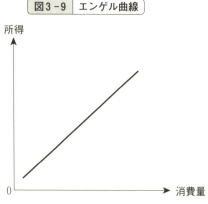

図3-9 エンゲル曲線

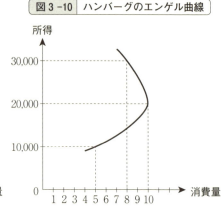

図3-10 ハンバーグのエンゲル曲線

ンバーグのエンゲル曲線である。所得が10,000円から20,000円に増えると、ハンバーグの需要量は5から10単位に増加する。さらに所得が20,000円から30,000円に増加すると需要量は8に減少する。エンゲル曲線が右下がりになる範囲はハンバーグが下級財になる範囲である。

3 価格変化の影響

1 価格の変化と価格消費曲線

所得は変化せずに価格が変化した場合はどうなるか考えてみよう。たとえば、X財の価格のみが下がった場合はどうなるだろうか。**図3-11**では、X財の価格が下がった結果、予算制約線の傾きは緩やかになっている。所得は同じでも、2財の購入可能な組み合わせの範囲は拡大し、最適消費点もEからE₁へシフトしている。

価格が下落していくと、そのときどきのX財の予算制約線を描くことができ、新たな最適消費点も得られる。**価格消費曲線**は、最適消費点の集まりからなる曲線で、価格の変化に対して導き出される（**図3-12**）。

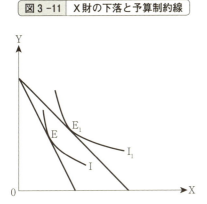

図3-11 X財の下落と予算制約線

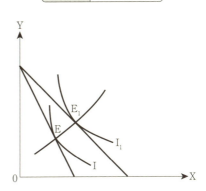

図3-12 価格消費曲線

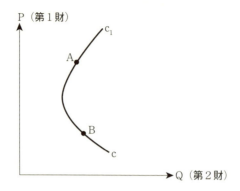

図3-13 交差効果

2 粗代替財と粗補完財

　縦軸に第1財の価格を横軸に第2財の需要量をとり、それらの関係を表したのが cc_1 曲線である。(図3-13) 通常、第1財の価格が上昇すれば、相対的に安い第2財の需要量が増加する。値段の高い財は安い財に代替される。**図3-13**では、点Aのように右上がりの曲線となるが、このとき第2財は第1財の粗代替財であるという。

　点Aでは第1財の価格が上昇すると第2財の需要量が減少することがある。この場合、第2財ともに需要量が減少しているから第2財は同時に需要される財である。2つの財が補完的な関係にあることを意味し、点Bのように右下がりの曲線となる場合は、第2財は第1財に対して粗補完財であるという。

 代替効果と所得効果

1 代替効果と所得効果

　価格が需要に与える影響は**所得効果**と**代替効果**に分けることができる。代替効果は効用を維持しつつも相対的に価格の安くなった財へ需要をシフトさせる

効果である。所得効果は第1財の価格が下落することで，購入可能な財の量が増えるという意味での実質所得の変化である。なお，代替効果と所得効果を合計したものが，**全部効果**あるいは**価格効果**と呼ばれる。

図3-14を用いて，第1財の上級財の価格が下落した場合の代替効果と所得効果を説明してみよう。代替効果は効用を一定に保つときの数量に変化なので同一の無差別曲線上の点Eから点E_1への変化となる。図においては，①の矢印が代替効果である。2財の消費では代替効果は常に価格が下落した財の需要量が増加し，同時にもう一方の第2財の需要量は必ず減少する。点E_1から点E_2への変化は実質所得の増加による効果を表し，所得効果として第1財への需要が増加する。上級財である第1財の価格下落は代替効果と所得効果の両方において需要を増加させる。所得効果は②の矢印である。

全部効果は，代替効果と所得効果を合計したものであるが，これは③の矢印で表されている。なお，図を用いた代替効果や所得効果，全部効果については『コンテンポラリー経済学入門』第5章でも説明しているので，復習し，マスターしてほしい。

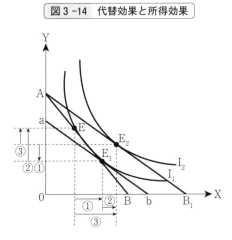

図3-14 代替効果と所得効果

2　ギッフェン財

ギッフェン財は，代替効果を上回るほどに所得効果が大きい下級財である。これを**図3-15**を用いてこれを説明してみよう。すでに説明したように，価格の変化が需要に与える影響は代替効果（点Eから点E_1への変化）と所得効果（点E_1から点E_2への変化）の合計である。第1財の価格が上昇したならば，第1財の需要は減少する。これは図中，①の矢印で表されている。しかし，残りの所得効果がプラスならば両方の効果の和がプラスとなり（図中②の矢印），第1財の需要量は増加する。価格が上昇したときに需要量が増加する（図中③の矢印）ならば，第1財はギッフェン財である。所得効果がプラスであるとは，所得の減少が需要を増加させることを意味するので，第1財は下級財でもある。

5　需要曲線の導出

1　個人の需要曲線

価格消費曲線にそって，価格PとX財の数量Qを対応させると，価格の下落にしたがって需要量が増加する。価格がP_1に下落するとX財の需要量はQ_{X1}からQ_{X2}に増加する。価格需要曲線にそった価格PとX財の需要量Qの組合せを縦軸に価格，横軸に数量とする図にプロットすると，**図3-16**のような右下がりの曲線が描ける。これが個人の需要曲線である。

2　需要曲線

市場全体での需要量，つまり市場需要量は市場に参加するすべての消費者の需要量の合計である。まず，消費者ごとの需要量を明示するために，消費者1の需要量をQ_1，消費者2の需要量をQ_2とし，市場需要量をQとする。**図3-17**の消費者1と消費者2の需要曲線はそれぞれD_1とD_2である。市場の需

図3-15 ギッフェン財

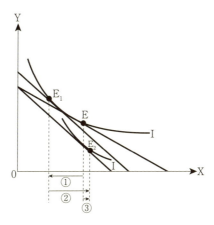

図3-16 個人の需要曲線の導出

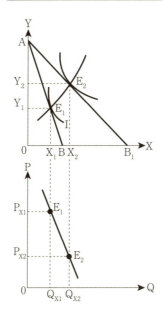

要量は市場に参加している消費者の需要の総和なので，消費者1と2の需要量の和が市場需要量になる。価格が P_1 のとき，市場需要量は，

図3-17 市場の需要曲線の導出

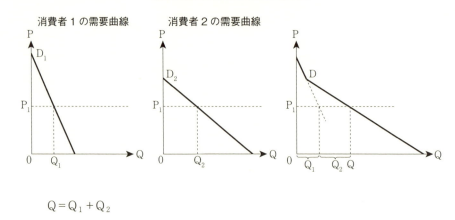

$$Q = Q_1 + Q_2$$

となる。各価格水準に同じ操作を施すと図のように右下がり市場需要曲線が得られる。つまり、市場需要量は個人の需要曲線を横軸方向に合計して得られる需要曲線 $D = D_1$ と D_2 上の点として得られる。多くの場合、市場曲線は右下がりで、価格が下落すると需要量が増えるという需要法則が成り立つ。

第4章

企業行動と供給曲線

―― キーワード ――

- 短期
  資本や生産設備などの固定的な生産要素が一定で変化しない状況のことである。
- 長期
  固定的な生産要素を含めたすべての生産要素投入量を変化させて生産を行う状況である。
- 費用（コスト：cost）
  経済学的に費用を定義すると，生産を行うために直接，間接にかかった費用という他に，生産資源を有効活用するための費用という広い意味で説明される。経済的費用の「経済的」という言葉には，企業が自らの意思で変えられる費用かどうかの意味が込められている。
- 機会費用
  企業が資源を最適配分しなければ失ってしまう，機会に伴う費用である。
- 総費用
  企業が生産を行うのに必要な経済的費用の合計。
- 固定費用
  生産量によって変化せず，生産を休止しない限り必要な費用である。
- 変動費用
  生産量によって変化する費用である。
- 平均費用
  総費用を産出量で割ったものであり，生産物1つ当たりにどれだけ費用がかかっているかを求めることができる。
- 限界費用
  産出量を1単位変化させたときの総費用の変化である。

- 平均収入
  総収入を生産量で割って求められる。
- 限界収入
  追加的に1単位生産を変化させたときの収入の変化である。
- 損益分岐点
  総収入と総費用が等しくなる点。利潤がゼロになる価格を損益分岐価格と呼ぶ。
- 操業停止点
  生産を中止したときの利潤＝－固定費用となる価格と生産量の組合せとなる点。

『コンテンポラリー経済学入門』の第3章と第6章で，供給曲線と生産者行動を説明した。生産者行動を考察するうえで重要となる費用と収入の概念，主に短期の供給曲線の導出や利潤最大化について学習した。本章では，費用と収入の概念について復習を行い，生産者としての企業の行動に関して，短期の利潤最大化のみならず長期の利潤最大化から説明する。

1 短期と長期概念

　本章では，財やサービスを供給する企業の行動を分析する。本章での分析は，「企業はどのようにして利潤を最大化するのか」あるいは「（利潤を最大化するために）どれだけ生産すべきか」ということを対象とする。利潤は，売上から費用を差し引くことで求められる。したがって，利潤を大きくするための方法は2種類あり，費用をより小さくするか，売上をより大きくするかということが考えられる。

　実際の企業は，消費者にとって魅力的な価格を設定したり，テレビやインターネットを利用し自社製品を広告し，消費者に購買を働きかけたり，コストダウンを実施したりするなど様々な企業努力を通じて，利潤を増やす行動をしている。このように，複雑に関連する現象の分析は困難を伴うばかりでなく，分析結果が分析対象を正確にとらえているかどうかを検証することにも困難を伴う。そこで，企業が行動する場を完全競争市場と仮定して，企業活動を分析

する。

　完全競争市場は、①企業は価格を所与のものとして行動するプライス・テイカーであること、②各企業が供給する財・サービスは同質であること、③すべての情報が市場参加者に共有されていること④市場への参入・退出が自由であること、であると仮定される。以上の仮定から、企業が独自に決める事柄は生産量ということになる。よって、財・サービスを供給する企業が利潤を最大にする生産量を決定するのかその方法を明らかにする。

　また、企業が生産要素を投入し、生産物を作り出すのには時間がかかる。「**短期（short-run）**」と「**長期（long-run）**」という時間の概念を導入して、企業行動の分析が行われる。「短期」は、資本や生産設備などの固定的な生産要素が一定で変化しない状況のことである。「長期」は、固定的な生産要素を含めたすべての生産要素投入量を変化させて生産を行う状況である。

 費用と企業行動

1　費用の定義

　企業が、生産活動を行うと必ず**費用（コスト：cost）**が発生する。経済学的に費用を定義すると、生産を行うために直接、間接にかかった費用という他に、生産資源を有効活用するための費用という広い意味で説明される。経済的費用の「経済的」という言葉には、企業が自らの意思で変えられる費用かどうかの意味が込められている。

　機会費用は、企業が資源を最適配分しなければ失ってしまう、機会に伴う費用である。たとえば、企業が自社ビルを所有しているためにオフィスの賃料を払わなくてもよいケースを経済学的に考えてみる。もし、そのスペースを別の企業に貸し出せば、賃料収入を得られるかもしれない。この手に入らなかった賃料がオフィスを有効利用するための機会費用である。機会費用の存在は、意思決定を行う上での選択肢となりうるので、経済活動上考慮すべきものになる。

以下では，経済的費用として，総費用，平均費用，限界費用の概念を説明する。

2　短期の費用曲線

(1)　短期の総費用曲線

企業が生産を行うのに必要な経済的費用の合計が，**総費用**（Total Cost : TC）である。短期においては，総費用は，**固定費用**（Fixed Cost : FC）と**変動費用**（Variable Cost : VC）に区分される。

なお，総費用と固定費用，変動費用の関係は次式で表される

　　　総費用（TC）＝固定費用（FC）＋変動費用（VC）　　　　　　　　(1)

固定費用（FC）は，生産量によって変化せず，生産を休止しない限り必要な費用である。固定費用に含まれるのは，工場の維持費，保険，光熱費，最低限の人件費などである。これらの費用は，生産量がどれだけ増えても変わらない。**図4-1**は，固定費用をグラフにしたものである。生産量に左右されない固定費用のグラフが水平に描かれるのは，生産量がゼロでも支払わねばならず，生産を休止しない限り，一定の水準が発生していることを意味する。

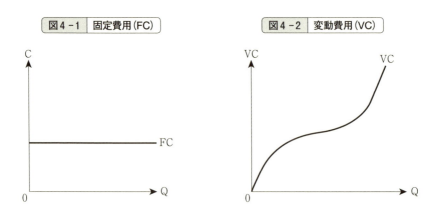

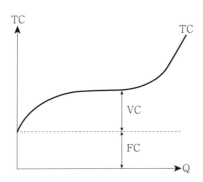

変動費用（VC）は，生産量によって変化する費用である。変動費用にあたるのは，賃金・給与，生産に必要な原材料費などで，これらは生産量に応じて増加する。変動費用のグラフは**図4-2**である。

(1)式から総費用曲線を図示すると，**図4-3**となる。

(2) 短期の平均費用曲線と限界費用曲線

平均費用（Average Cost：AC）は，総費用を産出量で割ったものである。生産物1つ当たりにどれだけ費用がかかっているかを求めることができる。式で表すと，

$$AC = \frac{TC}{Q} \tag{2}$$

となる。たとえば，PCを10台（Q），製造するのに200万円（TC）かかったとする。平均費用（AC）は，(2)式から，200万円÷10台＝20万円となる。このことから，1台当たり20万円のコストがかかっていることが分かる。

図4-4において，生産量がQのとき平均費用は点Aと原点Oとを結んだ直線の傾きAOで表される。点A以外の総費用曲線は上のあらゆる点と原点を結んだ点で考えてみると，直線の傾きが最初は小さくなっていくが，途中からだんだん大きくなっている。平均費用曲線は，**図4-5**のようにU字型の形状を持つ。平均費用が最も小さくなっている点Cであるが，生産物1単位当

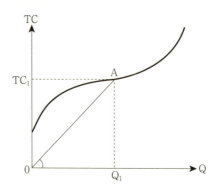

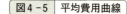

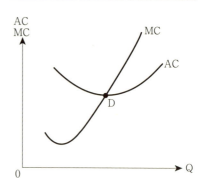

たり最も効率的な生産が可能となる生産量である。

　限界費用（Marginal Cost：MC）は，産出量を1単位変化させたときの総費用の変化である。たとえば，PCをもう1台多く生産ときにどれだけ総費用が増えるかを示したのが限界費用である。**図4-6**は，平均費用曲線と限界費用曲線を描いたものである。平均費用も限界費用も生産量が小さいところでは減少し，生産量が大きいところでは増加している。生産規模を拡大すると初めは大量生産の利益により平均費用あるいは限界費用は減少するが，生産量が過大になると生産が効率的ではなくなり，それらの費用が急増することを意味して

いる。平均費用曲線と限界費用曲線の位置関係については、「平均費用曲線の最低点を限界費用曲線が通過する」という命題が成り立つ。このとき、平均費用の最低点では平均費用と限界費用が等しくなっており、限界費用曲線は点Dを通過している。

3 長期の総費用曲線，平均費用曲線，限界費用曲線

長期とはあらゆる生産要素を変更できる状況である。固定要素がある場合が短期、すべての生産要素が可変的要素である状況が長期である。長期には短期の記号に長期を意味するL（Long-term）を付ける。

長期の総費用、平均費用、限界費用が短期のそれらとどのような関係があるのだろうか。たとえば、機械を使って生産する場合、短期であれば機械の台数が固定された状態で価格に対応して利潤を最大にするよう生産量を決定する。しかし、長期では、生産量ごとに費用が最小になるような機械の台数を選ぶことができるので、価格に対応した最適な生産量毎に機械の台数が異なってくる。つまり、長期では、すべての生産要素を変更できるので、生産量毎に費用が最小になるように生産要素の種類と数量を選ぶことができる。したがって、長期には固定費用がないこと、生産量毎に異なる短期総費用が対応していることが分かる。

生産量がゼロのとき、長期総費用（LTC）の値もゼロになるので、長期総費用曲線は原点から始まるという特徴を持つ。長期総費用は生産量に対応する最小の短期総費用である。長期総費用曲線は、短期総費用曲線をいくつか描いたときにすべての短期総費用曲線に接する包絡線として描かれる（図4-7）。

長期平均費用（LAC）と長期限界費用（LMC）をグラフにしたのが、図4-8である。

長期平均費用と長期限界費用は、各生産量に対する総費用から得られる。長期総費用と同様に長期平均費用はすべての短期平均費用の包絡線である。ただし、各短期平均費用の最小点を結んだものではないことに注意されたい。

長期限界費用曲線は、短期限界費用曲線の包絡線ではない。長期限界費用曲線は、長期平均費用曲線の最小点を左下から右上に通過する。長期限界費用曲

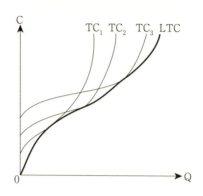

図4-7 長期の総費用曲線

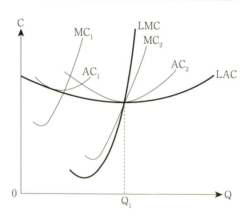

図4-8 長期の平均費用曲線と限界費用曲線

線と長期平均費用との交点での生産量を Q_1 とすると，この交点で短期平均費用が長期平均費用と接しており，短期限界費用曲線もこの交点を通過している。この長期費用曲線が最小になっている生産量に対応する企業規模を最適企業規模という。

3 収入と企業行動

1 総収入

完全競争市場の仮定の下では，企業はプライス・テイカーである。たとえば，完全競争企業は，市場価格が100円であるときに，生産量にかかわらず100円で需要してもらうことができる。言い換えれば，生産量が1個のときも2個のときも，3個のときも100円で供給することが可能である。

経済学では売上を**総収入**（Total Revenue：TR）といい，次の式で表すことができる。

$$\text{総収入（TR）}=\text{価格（P）}\times\text{生産量（Q）} \tag{3}$$

(3)式をグラフにしたのが図4-9である。縦軸にTRを横軸にQをとると，総収入曲線は，傾きがPの直線として描かれる。

2 平均収入と限界収入

平均収入（Average Revenue：AR）は，総収入を生産量で割って求められる。すなわち，次式で表される。

$$AR=\frac{TR}{Q}=\frac{P\cdot Q}{Q}=P \tag{4}$$

(4)式から生産量1個当たりの収入，つまり単価ということができる。

限界収入（Marginal Revenue：MR）は，追加的に1単位生産を変化させたときの収入の変化である。

平均収入と限界収入の関係を整理してみよう。完全競争市場における完全競争企業は，プライス・テイカーであるので，生産量にかかわらず市場価格で需要してもらうことが可能である。この生産量と価格の関係を企業の直面する需要曲線と呼ぶ。平均収入は単価（P）と等しいことを明らかにしたが，限界収

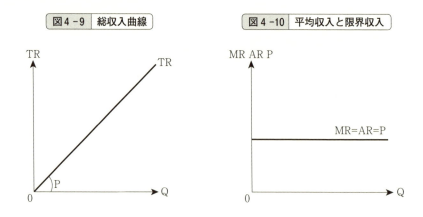

入も追加的に1単位生産を変化させたときの収入の変化であることから，Pと等しい。生産量と限界収入曲線，平均収入曲線の関係をグラフにしたのが図4-10である。このグラフは，企業の直面する需要曲線と同じになる。このグラフでは価格（P）と限界収入（MR），平均収入（AR）の関係はP=MR=ARとなっている。

4 利潤最大化条件

1 短期の利潤最大化

(1) 利潤最大化

利潤は，収入から費用を差し引くことで求められる。利潤を大きくするためには，収入を大きくし，費用を小さくすることが考えられる。収入と費用は，すでに説明しているように経済学では総収入（TR）と総費用（TC）という用語を使う。この用語を使うと，利潤（π）＝総収入（TR）－総費用（TC）と表わされる。完全競争市場では価格は所与であるから，企業の利潤（π）は，

$$\pi(Q) = P \cdot Q - TC(Q) \tag{5}$$

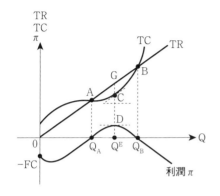

図4-11 利潤最大化条件

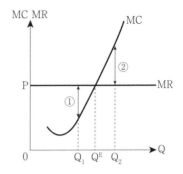

図4-12 利潤を最大にする生産量

となる。

図4-11は，(5)式のグラフである。短期を考えているので，総費用には固定費用が含まれる。利潤は，総収入（TR）のグラフと総費用（TC）の高さの差である。生産量 Q^E のとき，CGの長さが利潤の大きさを示している。生産量がゼロのときの利潤は$-FC$で，生産量が Q_A と Q_B のとき，総収入と総費用が等しくなっているので，利潤はゼロである。

図4-11の下部にある利潤曲線は，点Dで最も高くなっていることが分かる。この点Dに対応する生産量が Q^E であり，利潤最大化生産量である。

限界概念を用いて利潤を最大化する生産量を求めてみよう。

ある生産量で生産している企業は，「増産する」，「減産する」，「生産量を変えない」という3つの選択肢の中からより利潤を大きくするための選択を行い行動する。**図4-11**において，生産量 Q^E で利潤が最大になっているならば，増産あるいは減産することで利潤は減少する。したがって，生産量 Q^E のとき，企業は「生産量を変えない」という選択をする。

生産量を1単位変更したときの総収入の変化分が限界収入（MR），総費用の変化分が限界費用（MC）である。利潤の変化分は限界収入と限界費用の差で表される。完全競争市場では企業はプライス・テイカーであるので，限界収入は製品価格（P）となる。

図4-12は，限界費用 MC と限界収入 MR，そして生産量 Q の関係を表したグラフである。グラフの①のときは，P の方が MC より大きいので，利潤の変化分は正の値となる。生産量が Q_1 のとき，増産するという行動を選ぶことでより大きな利潤を得ることができる。②のときは，MC の方が P よりも大きいので，利潤の変化分は負の値となる。生産量が Q_2 のとき，収入の減少を上回る費用の減少が可能なので，利潤を最大化しようとする企業は，減産するという行動を選ぶ。増産または減産は，利潤の変化分がゼロになる，すなわち P=MC の生産量 Q^E になるまで続く。利潤が最大となるのは，P=MC となる生産量 Q^E である。したがって，限界収入曲線と限界費用曲線の交点での生産量が利潤を最大にする生産量である。

(2) 損益分岐点と操業停止点

図4-13を使って，利潤の大きさを求めてみよう。価格が P_1 のとき，利潤を最大にする生産量は Q^E である。このとき，この企業の総収入は，四角形 $0P_1BQ^E$ で表され，総費用は $0ACQ^E$ の面積である。利潤は，総収入から総費用を引くことで求められるから，この2つの四角形の面積の差である P_1BCA が利潤となる。

価格が下がると利潤が小さくなる。それでは，利潤がゼロになるのは，どのようなときであろうか。価格が利潤を最大にする生産量での平均費用と等しくなるとき，利潤がゼロになる。**図4-13**で，価格が P_2 まで下がったとき，点 D は価格 P_2 を表す直線と限界費用曲線とが交わる点であり，平均費用と接している点である。生産量 Q_D は，価格=限界費用となっているので利潤を最大化する生産量であること，また，価格=平均費用であることから最大利潤はゼロであることを示している。総収入を表す四角形の面積は，$0P_2DQ_D$ であり，総費用を表す四角形の面積も $0P_2DQ_D$ となるために，総収入から総費用を引くと利潤はゼロになる。利潤がゼロになる点 D を**損益分岐点**（breakeven point），利潤をゼロにする価格 P_2 を損益分岐価格と呼ぶ。

価格が，損益分岐点より低くなると赤字が発生する。赤字が発生すると企業は生産を行わないのであろうか。短期の総費用は，生産量が変化するのに伴いその値が変化する可変費用（VC）と生産量にかかわらず一定の値をとる固定

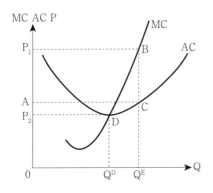 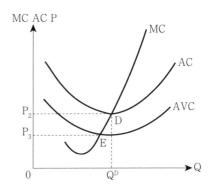

費用（FC）の和であるから，利潤は，

$$\text{利潤}(\pi) = \text{総収入}(TR) - \text{総費用}(TC)$$
$$= \text{売上}(P) \times \text{生産量}(Q) - (\text{可変費用}(VC) + \text{固定費用}(FC))$$
$$= (PQ - VC) - FC \tag{6}$$

と表される。生産をやめるとQ=0からQ=VC=0となるので，利潤は−FCとなる。このことから，生産を中止したときの赤字は固定費用であることが分かる。$PQ \geq VC$のとき，生産停止時の利潤と比べると，利潤が負になったとしても生産することで赤字を減らせる場合がある。そのため，利潤最大化を目指す企業は生産継続を選択する。

平均可変費用（Average Variable Cost：AVC）とは，可変費用を生産量で割ることで求められる。生産を行う場合の利潤を$\pi(Q)$，生産を行わない場合の利潤を$\pi(0)$とすると，その差は$\pi(Q) - \pi(0) = P \times Q - VC$となる。これに，VC=AVC×Qを代入すると，

$$\pi(Q) - \pi(0) = AVC \times Q = (P - AVC) \times Q \tag{7}$$

が得られる。P−AVC=0ならば(7)式は，$\pi(Q) - \pi(0) = 0$になることが分かる。また，(7)式は利潤を最大にする平均可変費用が価格と等しいときに，生産を行う場合の利潤と生産を行わない場合の利潤が等しいことを表しており，

この価格を操業停止（生産中止）価格という。

図4-13に平均可変費用を加えたのが図4-14である。図4-14で，価格がP_2を下回ると赤字になるが，P_3までは変動費用を上回る収入を達成することができる。価格がP_3を下回ると，可変費用も固定費用もまかなうことができない。このように，生産を中止したときの利潤＝－固定費用となる価格と生産量の組合せである点Eは**操業停止点**（shut-down point）と呼ばれる。

2　長期の利潤最大化

短期の生産量の決定と同様，長期においても，所与の価格で行動する生産者は，製品価格と限界費用が等しくなる，つまりP=LMCとなるような生産量を選択することで，利潤を最大にできる。

短期では，利潤が負になっても生産することがあるが，長期では利潤が負になると操業は停止される。機会費用を費用としているため，生産している製品から得られる利益から機会費用を引くことで利潤が得られると考えられる。このことから，利潤が負になるということは，事業活動で得られる利益よりも機会費用が大きいということが分かる。すなわち，利潤が負のときには，別の事業をする方がより大きな利益を得ることを意味している。したがって，現在行っている事業の利潤が負になったら，操業を停止することが最適な選択になる。

供給曲線の導出

1　短期の供給曲線

完全競争市場では，価格を所与のものとして利潤を最大化する生産者は，価格が操業停止点よりも高い場合は，価格と限界費用が等しくなるように生産量を決定する。このことから，各生産者における価格と生産量の関係を示す個別の供給曲線は，**限界費用曲線の操業停止点より右上の部分**として導出される

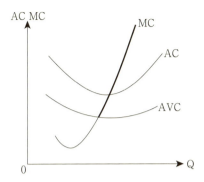

図4-15 個別企業の供給曲線の導出

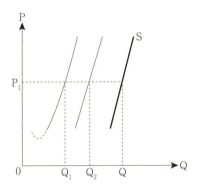

図4-16 市場の供給曲線の導出

（図4-15）。

　市場の供給曲線は，個別の供給曲線を横に加えることで求められる。最も左側の供給曲線が企業1の個別供給曲線である。企業1と企業2，そして企業3の個別供給曲線を横に足し合わせたものが市場あるいは産業全体の供給曲線となる（図4-16）。

2　長期の供給曲線

　個別企業の長期の供給曲線は，長期限界費用曲線のうち長期平均費用の上の

図4-17 長期均衡と供給曲線

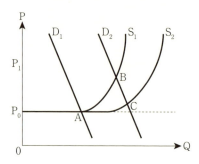

部分となる。長期の供給曲線では，短期の場合と異なり，新規参入者による新たな供給を考慮する必要がある。

　図4-17を用いて，価格と産業全体の生産量の関係を考えてみよう。このとき，すべての企業が同じ費用曲線をもつと仮定する。長期平均費用の最小値に等しい価格をP_0とする。P_0で生産している既存企業の利潤はゼロであり，価格がP_0よりも小さくなると利潤が負になるので企業は操業を停止する。

　需要が増え，需要曲線がD_1からD_2にシフトすると，価格はP_0よりも大きくなるので，既存企業は価格と長期限界費用が等しくなるように供給曲線S_1に沿って生産量を増やし，点Bでは利潤が正になる。すると，P_0のときには生産していなかった潜在的供給者が生産を始める。既存企業が増産した分は供給量の増加で，新規参入企業による新たな供給分は供給の増加として供給曲線のS_1からS_2へのシフトとなる。供給量が増えると，供給量と需要量が等しくなるまで市場価格が下がり，点Cが新たな均衡点となる。需要がD_2から増えた場合も，市場価格と供給される量が同じように変化するので，長期供給曲線はP=P_0となる。

第 5 章

生産関数と生産者行動

キーワード

- **生産関数**
 生産要素(土地,労働,資本)の投入量と生産物の産出量(生産量)の関係を示しており,これは技術的関係である。
- **等量曲線**
 同じ生産量を生産することができる生産要素の組み合わせのことである。
- **技術的限界代替率**
 生産量を同水準に保つため,生産要素 K を失う代わりに獲得しなければならない生産要素 L の数量を示している。技術的限界代替率の傾きは $-\dfrac{\Delta K}{\Delta L}$ である。
- **等費用線**
 生産者が支払うことのできる総費用の範囲を示している。等費用線の傾きは $-\dfrac{w}{r}$ である。
- **生産者行動**
 利潤最大化行動とともに,費用最小化行動のことであり,生産者の最大生産量のメニュー,等量曲線と生産に要する費用,等費用線から示される。
- **費用最小化の条件**
 等量曲線と等費用線が 1 点で接している点で示され,技術的限界代替率と生産費比が一致している。

1 生産関数

生産関数 (production function) とは，**生産要素（土地，労働，資本）の投入量と生産物の産出量（生産量）の関係**を示しており，これは技術的関係である。言い換えれば，生産要素の投入量から得られる生産物の最大量を示している。

生産要素は土地，労働，資本の3種類であるが，生産関数で示される生産要素は，通常，労働と資本である。土地は一定値と想定されている。生産量をY，労働をL，資本をKとすれば，生産関数は次のような関数として示される。ここでF（・）は関数を示している。

$$Y = F(L, K)$$

生産関数の代表的な例としては，**コブ・ダグラス型生産関数**と **CES** (constant elasticity of substitution) **生産関数**がある。

コブ・ダグラス型生産関数は，Aを技術水準，あるいは生産要素の生産性により変化する係数，α を資本分配率，β を労働分配率とすれば，下記の式として示される。ただし $0 < \alpha < 1$，$0 < \beta < 1$ であり，収穫一定の場合では $\alpha + \beta = 1$ である。

$$Y = A K^{\alpha} L^{\beta}$$

となる。

また，CES生産関数と呼ばれるものでは，A, α, β はコブ・ダグラス型生産関数と同じであり，ρ は代替のパラメータであり，次のように示される。

$$Y = A \left[\alpha K^{-\rho} + \beta L^{-\rho} \right]^{-\frac{1}{\rho}}$$

なお，証明は省略するが，ρ の数値により，CES生産関数は様々なタイプの生産関数となる。

① $\rho = 1$ の時には，線形の関数
② $\rho = 0$ の時には，コブ・ダグラス型関数

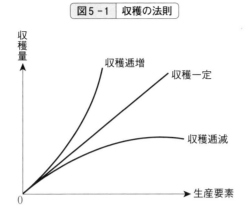

図5-1 収穫の法則

③ $\rho = -\infty$ のときには，レオンチェフ型(投入・産出型)関数

ところで，生産要素の変化に応じて，生産量がどのように変化するかについては，収穫の法則によってあらわされる。収穫の法則は，上記の $Y=F(L,K)$ という生産関数の生産要素 L，K のどちらかを一定として，1つの生産要素の数量を増加したときの生産量との関係を示している。図5-1に示すように，収穫の法則には，生産要素の増加とともに，収穫量が減少するという収穫逓減の法則，生産要素の増加とともに収穫量が増大するという収穫逓増の法則，生産要素の増加とともに収穫量が一定割合で増加するという収穫一定の法則という3種類がある。

ある生産要素を増加させることにより，収穫量が変化するということを生産要素の使用に対する費用という面からみると，費用の法則として示されることになる。収穫量が減少することは，その分の費用が余計にかかるという意味で収穫逓減の法則は費用逓増の法則，その逆に収穫逓増の法則は費用逓減の法則に対応する。

また，生産要素（たとえば，資本や労働）を1単位増やしたときの生産物の増加を限界生産力（あるいは生産性）と置き換えれば，収穫の法則は，限界生産力の法則と読み替えることができる。限界生産力の法則には，限界生産力逓減の法則，限界生産力逓増の法則等がある。

2 等量曲線と等費用線

　生産における最大利潤行動あるいは最小費用行動は，先に消費者行動で示したような無差別曲線に対応する等量曲線（isoquant）あるいは等産出量曲線と予算線に対応する等費用線（equal cost curve）の2つより示すことができる。

　等量曲線とは，同じ生産量を生産することができる生産要素の組み合わせのことである。 等量曲線は，**図5-2①**に示すように，横軸に労働量（L），縦軸に資本量（K），垂直軸に生産量（Y）の大きさを示す3次元の空間から導出される。労働量，資本量とも限界生産力逓減の法則が当てはまるために垂直軸では上方に凸型の曲線であり，全体としては曲面として示される。**図5-2②**は，**図5-2①**の曲面を垂直軸の生産量に高さによって切断したこれらの曲面の切り口を曲線で示したものであり，これが等量曲線と呼ばれる。したがって，同一曲線上のすべての点では生産量が同じ大きさということになる。ただし，等量曲線を導出するにあたって，労働と資本は互いに代替できるということが前提になっている。もし，生産要素が代替できない場合あるいは完全代替の場合には，先の**図2-4②**のような形状の等量曲線が描かれることになる。さらに，等量曲線の性質は，先に述べた無差別曲線の性質と同じである。すなわち，

　　① 右上方に位置する等量曲線ほど生産量が大きい。

図5-2　等量曲線の導出

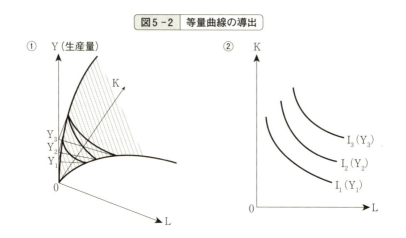

② 負の傾きをもっている。
③ 2つの生産要素から示された空間には無数の等量曲線が存在する。
④ 等量曲線は互いに交わらない。
⑤ 等量曲線は原点から凹の形状で描かれる。

　等量曲線の移動から，規模に関する収穫の法則を示すことができる。収穫の法則は1つの生産要素の数量と収穫量（あるいは生産量）との関係を示しているが，規模に関する収穫の法則は，2つの生産要素の数量を同時に変化させたときの収穫量（あるいは生産量）の変化のことである。図5-3のように，規模に関する収穫の法則は，等量曲線の間隔の広さによって示すことができる。図5-3①のように，生産量が増えるとともに，等量曲線の間隔が狭くなっているのが，規模に対する収穫逓増である。図5-3②のように，等量曲線の間隔が一定となっているのが，規模に関する収穫一定である。図5-3③のように，等量曲線の間隔が広くなっているのが，規模に関する収穫逓減である。

　また，規模に関する収穫の法則を数式で示すと，生産関数の関係は以下のようになる。左辺は生産量，右辺は生産要素，またnを倍数として表せば，

　　規模に関する収穫逓減の法則　　$nY > F(nL, nK)$

　　規模に関する収穫一定の法則　　$nY = F(nL, nK)$

　　規模に関する収穫逓贈の法則　　$nY > F(nL, nK)$

図5-3 規模に関する収穫の法則

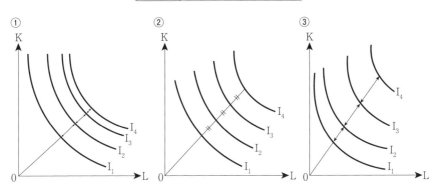

図5-4 技術的限界代替率

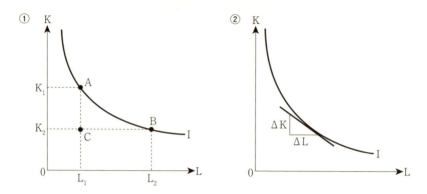

となる。

さて，等量曲線の傾きは，無差別曲線の傾きと同様にして求めることができる。等量曲線の傾きは技術的生産関係を示しているため，技術的限界代替率（Marginal rate of technical substitution:RTS）と呼ばれる。**技術的限界代替率とは，等量曲線上の各点の傾きを示している。つまり，生産量を同水準に保つため，生産要素Kを失う代わりに必要とされる生産要素Lの数量を示している。**図5-4①で示すように，生産者がA点で使用していた生産要素Kの使用量を減らしてB点へ移る場合，生産要素Kの使用量を減少させた分を生産要素Lの増加によって補うということである。これを一般化したものが図5-4②である。図5-4①を数式化すると式(1)のようになり，図5-4②のようにこれを一般化したのが式(2)である。

$$\text{技術的限界代替率} = \frac{0K_1 - 0K_2}{0L_1 - 0L_2} = \frac{CL}{CB} \tag{1}$$

等量曲線が右下がりの曲線であることを考慮するならば，式5-2のようになる。ここで，RTSは技術的限界代替率，ΔKは生産要素Kの増加分，ΔLは生産要素Lの増加分を示している。

$$RTS = -\frac{\Delta K}{\Delta L} \tag{2}$$

等量曲線は限界生産力逓減の法則を前提としているため，生産要素，生産要

素Kの数量が増えれば，Kの限界生産力は減少することになる。生産量を同一にするためには，生産要素Kの使用量の増大とともに，使用する生産要素Lの数量は増加しなければならない。したがって，技術的限界代替率は，等量曲線上を左から右へ移動するごとに逓減していくことになる。つまり，等量曲線上では，技術的限界代替率逓減の法則が作用することになる。技術的限界代替率逓減の法則とは，同じ等量曲線上では，生産要素Kの使用が増えるにつれて，生産要素Kの生産要素Lに対する技術的限界代替率が減少することである。

ところで，技術的限界代替率と限界生産力の関連についてみてみよう。技術的限界代替率は生産要素Kで測った生産要素Lの値である。生産要素Lの1単位当たりの限界生産力はMP_Lであり，生産要素Kの1単位当たりの限界生産力はMP_Kである。技術的限界代替率の値も限界生産力の比であるため，等量曲線上では，次の式(3)が成立する。

$$RTS = \frac{MP_L}{MP_K} \tag{3}$$

ここで，生産者が獲得できる生産量のメニューから，生産者が支払わなければならない費用を示す等費用線（equal cost curve）についてみてみよう。

生産者は最大の生産量を獲得するため，生産要素をどれだけ使用できるか，言い換えればどれだけ生産費をかけられるかが生産の制約条件になる。制約条件は，等量曲線を示したのと同じくL軸K軸の空間の中で示すことができる。総費用C（total cost）は，生産要素Lの費用をw，数量をlとし，生産要素Kの費用をr，数量をkとするならば，

$$C = wl + rk$$

と示される。これは等費用線と呼ばれる。つまり**等費用線とは，生産者が支払うことのできる総費用の範囲を示している。**

総費用のすべてを生産要素Lの支出に向けた場合の生産要素Lの最大使用量は$\frac{C}{w}$となり，L軸の切片となる。総費用のすべてを生産要素Kの支出に向けた場合の生産要素Kの最大使用量は$\frac{C}{r}$となり，K軸の切片となる。すなわち，**図5-5**に示すように，総費用がCの場合には，生産要素Lの最大使用量

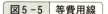

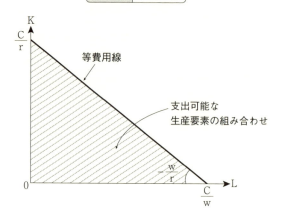

図5-5 等費用線

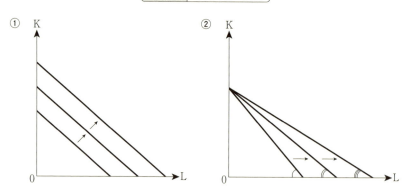

図5-6 等費用線の変化

がL軸の切片となり，生産要素Kの最大使用量がK軸の切片なる。したがって，等費用線の傾きは，$-\frac{w}{r}$である。

図5-5で示しているように，生産者はL軸とK軸と等費用線で区切られた三角形の空間内の生産要素L，生産要素Kのすべての組み合わせを使用できる。しかし生産者は生産量を最大化したいため，この空間内での生産要素の組み合わせではなく，等費用線上の組み合わせを選択することになる。すなわち，最小の費用で最大の生産量を獲得しようと行動する。

ところで，等費用線は総費用や生産要素Lや生産要素Kの費用の変化にともない変化する。**図5-6**①で示すように，総費用が変化した場合（この場合は総費用が上昇した場合）には，総費用の増加とともに等費用線が右上方へシフトする。また総費用が減少した場合には，左下方にシフトする。さらに**図5-6**②で示すように，生産要素の費用が変化した場合（この場合は生産要素Lの費用が下落した場合）は，等費用線の傾きが緩くなるように変化する。生産要素Lの費用が上昇した場合には，傾きが急になり，生産要素Lの費用が下落した場合には，傾きは緩くなる。

  費用最小化行動

生産者の費用最小化行動は，最大生産量のメニュー，等量曲線と費用という制約条件，等費用線から示すことができる。両者を同一平面上に描写すれば，**図5-7**のようになる。

図5-7においては，等費用線を直線とし，等量曲線I_1, I_2, I_3を示している。ここで生産者が使用できる生産要素の組み合わせは，等費用線内あるいは線上に示している等量曲線I_1, I_2だけである。すなわち，**図5-7**のI_1, I_2線上の点A，B，Cは支出可能な費用であるが，I_3上の点Dは生産者が支出不可能である。なぜなら，I_3は等費用線内にないからである。

図5-7　等量曲線と等費用線

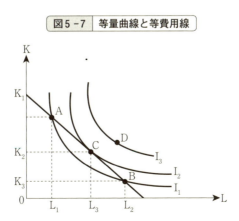

図5-8 費用最小化の条件(生産者均衡点)

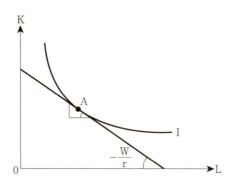

　さて，生産者は等量曲線 I_1，I_2 の内どちらを選択するであろうか。生産者はより大きい生産量を得るため，I_1 よりも I_2 を選択する。つまり，等量曲線と等費用線が1点で接しているところで，生産者が最大の生産量を獲得できる。言い換えれば，最大の生産量を最も低い費用で獲得できる。これが費用最小化行動と呼ばれる。

　生産者の行動目的は費用の最小化である。要するに，**最大の生産量を得る生産要素の組み合わせを最小の費用にすることである。**

　図5-8で示すように，等量曲線と等費用線が1点で接している点Aが最小の費用で最大の生産量を獲得できる点である。この点では，等量曲線の傾き，技術的限界代替率と等費用線の傾き，生産費比が一致している。式(4)が成立する。

$$\mathrm{RTS} = \frac{w}{r} \tag{4}$$

　式(3)と式(4)から式(5)が導出される。式(5)では生産要素L，生産要素Kの価格とそれぞれの限界生産力との関係が示される。

$$\frac{\mathrm{MP_L}}{w} = \frac{\mathrm{MP_K}}{r} \tag{5}$$

　この点は生産者均衡点と呼ばれる。生産者均衡点では，常に，式(5)が成立している。

図5-9 拡張経路

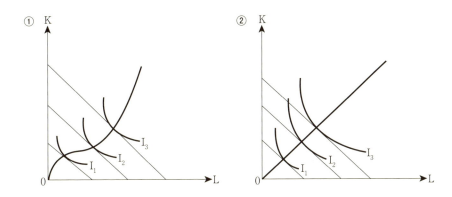

　要約すると，生産者均衡点とは生産者の費用最小化行動の結果発生したものである。これは生産者の生産量メニュー，等量曲線と支出できる範囲である等費用線という制約条件から示される。つまり，**生産者行動は等量曲線と等費用線が1点で接している点で示され**，この点では**技術的限界代替率と生産費比が一致**している。さらに，この点では式(4)と式(5)が成立している。

　ところで，エンゲル曲線や需要曲線の導出で行ったような手法，すなわち所得消費曲線，価格消費曲線の導出を生産にも適応するため，生産費が変化（等費用線の変化）した場合の生産者均衡点の変化をみてみよう。前節で示したように，等費用線の変化には，等費用線のシフトと等費用線の傾きの変化がある。等費用線がシフトした場合の生産者均衡点の変化は，**図5-9**に示すとおりである。**図5-9**①は，生産者均衡点を結ぶ線（拡張経路）が直線とはなっていない。これは労働と資本という生産要素の費用がともに上昇した場合には生産要素の比率が変化していることをあらわしている。すなわち総費用の上昇とともに投入比率が変化していることを示している。これに対して，**図5-9**②は，投入比率が一定で推移していることを示している。

　次に，生産要素の一方の費用だけが変化した場合についてみてみよう。需要のところでは，これを代替効果と所得効果に分類したが，生産の場合には，**代替効果**と**産出効果**に分類する。**代替効果**とは，産出量を一定に保つための投入

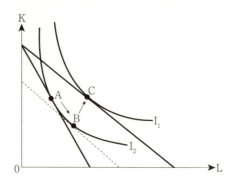

図5-10 費用変化に伴う生産者均衡点の変化

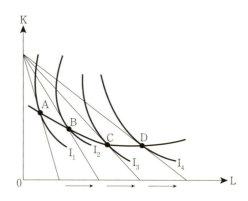

図5-11 生産者均衡点の変化と供給曲線

量の変化をあらわし（同一等量線上の変化），**産出効果は生産費を一定とし，産出量の変化**（異なる等量曲線への変化）をあらわす。図5-10では，AからBへの変化が代替効果であり，BからCへの変化が産出効果である。AからCへの変化が全部効果であり，労働の費用が変化したときの生産者均衡点の変化となる。

加えて，図5-11に示すように，費用の変化にともなう生産量の変化を結んだ線は，供給曲線としても示される。なぜなら，供給曲線は，供給価格と供給量の変化を示したものであり，供給曲線は最小費用と供給量を示したものであ

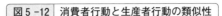

図5-12 消費者行動と生産者行動の類似性

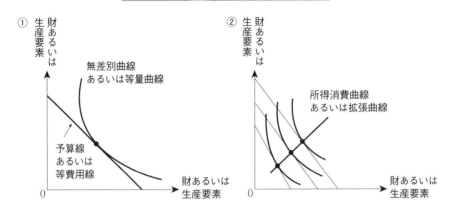

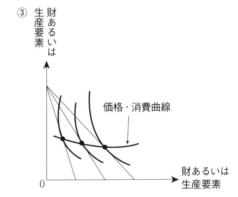

るからである。したがって，供給曲線の各点は常に最小費用を示していることになる。

消費者行動(効用最大化行動)と生産者行動(費用最小化行動)の類似性について言及しておこう。

図5-12①に示すように，縦軸が消費者行動では財の数量であるのに対して，生産者行動では生産要素の数量となる。横軸も同様である。図5-12②では，所得線，等費用線のシフトをあらわしている。消費者行動では所得の変化にともなう消費量の変化をあらわす所得消費曲線となり，生産者行動では生産要素

費用全体の変化にともなう産出量の変化をあらわす拡張経路となる。さらに，**図 5-12③**では，1財の変化にともなう消費量の変化を示す価格消費曲線，1つの生産要素費用の変化による産出量の変化をあらわしている。

ただし，消費者均衡点は，効用最大の点を示しているのに対して，生産者均衡点は，費用最小の点を示しているだけであって，利潤最大の点を示しているわけではないということに注意する必要がある。

第 6 章

部分均衡分析

キーワード

- **消費者余剰**
  消費者がある財に対して本来なら支払ってもよいと考えた評価額と実際に支払った金額の差である。この差額は消費者の利益と考えることが可能である。横軸に需給量，縦軸に価格を取り，右上がりの供給曲線，右下がりの需要曲線の交点で均衡価格が決定している場合には，均衡価格より高い価格水準における三角形がこれに相当する。

- **生産者余剰**
  ある財の供給に必要な限界費用と実際の市場均衡価格との差額のことである。消費者余剰と同様にこれも生産者の利益と解釈することが可能であり，均衡価格より低い価格水準における三角形がこれに相当する。

- **社会的余剰**
  市場全体の消費者余剰と生産者余剰の合計のことであり，一定の仮定の下で競争的市場においてはこれが最大化される。

- **部分均衡分析**
  ある1つの財を対象として，他のすべての要因（他の財の市場や家計の所得等）が一定と仮定した分析である。

- **死荷重**
  完全競争市場において最大化された社会的余剰が，何らかの理由で減少した場合には，その減少分が死荷重であり，**厚生の損失**とも呼ばれる。

自由な経済取引が行われた場合，価格は需要と供給のバランスによって決定されることをこれまでの章でみてきた。このようにして決定された**均衡価格**は，

消費者余剰と生産者余剰の合計である**社会的余剰**を最大化するという点から望ましいものであるとミクロ経済学では基本的に考えられている。このため，仮に需要と供給のバランスによって決定される均衡価格を阻害するような規制等が行われた場合には，このような社会的余剰が最大化されないことになり，**死荷重**が発生する。つまり，競争的市場における自由な経済取引は，社会的余剰を最大化するという意味で望ましいシステムであるとミクロ経済学では考えられている。本章では，消費者余剰と生産者余剰という概念を用いて，**部分均衡分析**について理解し，自由な経済取引を行うメリットについて説明を行う。

  消費者余剰と生産者余剰

1　消費者余剰

　まず，需要曲線について復習を兼ねて確認する。**図6-1**は右下がりの需要曲線を示している。

　需要曲線が右下がりであるのは，価格が下がれば，より買いたいと考える人が増えるために，需要量が増大するためである。この関係は**価格消費曲線**から

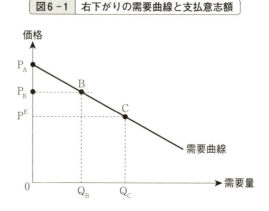

図6-1　右下がりの需要曲線と支払意志額

も確認できる。これに加えて，需要曲線は，より高い金額でも買いたいという人から，もっと安くないと買いたくないという人まで，**支払意志額**を左から右に並べた曲線ともいうことができる。つまり，需要曲線の左側では極めて高くても買いたいという経済主体が存在し，需要曲線の右側では安くないと買わないという経済主体が相当する。このような観点から需要曲線は**支払意志額（willingness to pay：WTP）曲線**ということもできる。

消費者余剰（Consumer's Surplus: CS）とは，市場において価格と需給量が成立している場合に，消費者が本来その需給量ならば支払っても良いと考えた金額と，実際に支払った金額の差をいう。これは消費者が財を購入した場合に得られる利益と考えることが可能である。

たとえば，**図6-1**において，市場均衡価格がP^Eであり，支払意志額がP_Bである経済主体がいたとする。この経済主体はP^Eよりも高いP_BであってもQ_Bまでの量を買いたいと考えている。この経済主体にとって，P_BからP^Eを差し引いた分は利益として解釈することができる。このような利益は需要曲線を左から右に行くにつれて小さくなり，P^Eではゼロとなる。

さらに**図6-2**は，縦軸に価格P，横軸に数量Qをとり，右上がりの供給曲線と右下がりの需要曲線が描かれている。市場均衡価格はP^Eであるため，P^E

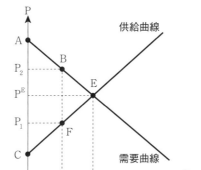

図6-2　消費者余剰と生産者余剰

より高い支払意志額を持っている経済主体は利益を得ていることになる。このような利益を合計していくと，三角形 AP^EE の面積に相当する。この三角形 AP^EE を**消費者余剰**と呼ぶ。

2 生産者余剰

企業は市場均衡価格で生産した財を市場で売却することができるが，市場均衡価格より低い費用で生産することができる。図6-2において，生産量 Q_2 のとき，生産者は P_1 の限界費用がかかるが，市場では P^E で売ることができるため，この差額である P^E-P_1 は当該企業の利益と解釈できる。このようにしてすべて足し合わせていくと三角形 P^EEC となる。この三角形 P^EEC を**生産者余剰**と呼ぶ。

生産者余剰（Producer's Surplus）とは，その供給をするためにかかった限界費用と，実際の市場価格との差額のことをいう。消費者余剰と同様に，これも生産者が財を販売した際に得られる利益と解釈することが可能といえよう。また，確認として**企業の供給曲線は限界費用曲線**であることに注意である。

3 社会的余剰

これまでみてきた消費者余剰と生産者余剰を合計したものを**社会的余剰**と呼び，社会全体の余剰を表す。図6-2においては，消費者余剰である三角形 AP^EE と生産者余剰である三角形 P^EEC を合わせた面積である三角形 AEC が相当する。この社会的余剰は**経済厚生**と考えることができ，**完全競争市場**において最大化するとされている。完全競争市場とは，**財の同質性**，**多数の売り手と買い手の存在**，**プライステイカー**，**完全情報**といった仮定が満たされる市場であり，不完全競争や課税によって完全競争が歪められてしまうと社会的余剰が最大化されなくなる。

ミクロ経済学は市場競争の効率性を分析する学問分野であるが，市場メカニズムによって成立する**均衡価格・均衡数量**は，社会的余剰を最も大きくすると言う意味で望ましく，原則としてこれらを人為的に操作するとかえって経済厚

生の水準を引き下げてしまうことが導かれる。

余剰分析（部分均衡分析）と死荷重

1 部分均衡分析

　本節では，消費者余剰と生産者余剰を用いて，部分均衡分析について説明する。部分均衡分析とは，ある1つの財のみに着目し，その財以外の価格や所得等の条件が一定であると仮定して分析を行うものである。

　まず復習として，「需要曲線（供給曲線）上の動き」と「需要曲線（供給曲線）のシフト」について確認したい。

　図6-3の需要曲線DのA点からB点への移動は，他の条件が全て一定である場合に，価格が下がると需要量が増える関係を示している。しかし，需要量に影響を与える要因は価格だけではなく，所得水準や他の財価格の変化等，様々なものが考えられる。たとえば，猛暑であれば，通常の年以上にクーラーはたくさん売れるであろうし，電気代が高騰すれば，クーラーを控えて扇風機でしのぐ人が増えるかもしれない。このような需要曲線や供給曲線をシフトさ

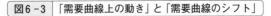
図6-3　「需要曲線上の動き」と「需要曲線のシフト」

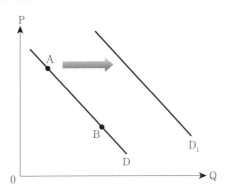

図6-4　貿易の利益（自国が財を輸入する小国のケース）

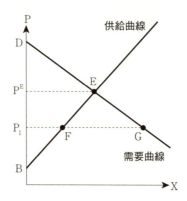

せる要因をシフト・パラメータをいい，シフト・パラメータが変化する前後において，均衡の変化を考察することを**比較静学**という。部分均衡分析は比較静学の枠組みで社会的余剰の変化を考察するものと言える。

　図6-4はこの**部分均衡分析**を用いて国際貿易のメリットについて考察したものである。国際貿易の文脈において，**小国**と**大国**とは，経済規模・人口・外交的影響力・歴史等とは一切関係が無い。ある財・サービスの輸出・輸入に関して，国際価格に影響をあたる場合，その国はその財・サービスについては大国である。例えば，極めて人口的・経済規模的に小さい国であっても，その国がある特定の財については国際貿易で圧倒的な輸出シェアを占める場合，大国ということになる。逆に，アメリカのような政治的な大国で会っても，国際的な貿易量で微々たる生産しか行っていなければ，その財については小国である。図6-4において，貿易を開始する前では，国内均衡の価格はP^Eであるとする。そして，国際価格がP_1であり，貿易をして輸入を開始すると，輸入国はFG分の輸入を行う。この時，余剰は生産者余剰が三角形P_1FB，消費者余剰が三角形DGP_1となり，総余剰はDGFBとなる。よって，輸入により閉鎖経済の場合と比較して，三角形EFGの分だけ社会的余剰が増加することになる。また，四角形P^EEFP_1は，この国が貿易を開始することにより生産者から消費者

図6-5 貿易の利益（自国が財を輸出する小国のケース）

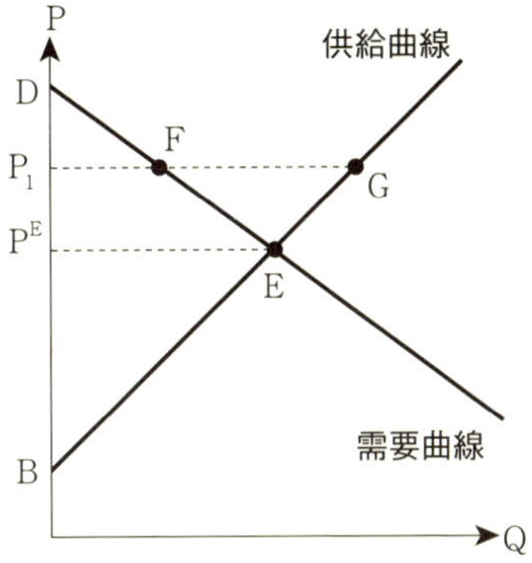

へと余剰が移転した分といえる。

図6-5は逆に自国が財を輸出する小国のケースである。

閉鎖経済においての均衡価格はP^Eであり，一方国際価格はP_1であるとすると，生産者はFGの分を輸出する。消費者余剰は三角形DFP_1，生産者余剰は三角形BGP_1となり，総余剰は四角形DFGBとなる。輸出により，閉鎖経済の場合と比較して，三角形FGEの分だけ余剰が増加する。

また，四角形P_1FEP^Eは，この国が貿易を開始し輸出することにより，消費者から生産者へと余剰が移転した分といえる。

図6-4と**図6-5**の双方において，貿易を行うことにより，社会全体として余剰は増大するものの，消費者と生産者のどちらかへ余剰が移転しており，得をするものと損をするものがいることがわかる。自由貿易は経済全体としては経済厚生を増大させることが基本的に導かれるものの，経済主体によっては損を被ることが考えられ，これが政治的な対立を生む要因となりうる。

さらに**図6-6**は輸入関税として，**輸入従量税**を課したケースでの余剰分析を示している。

図6-6 輸入従量税による死荷重の発生

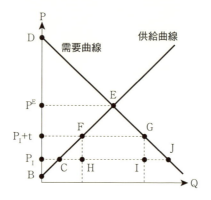

　図6-6において，貿易を開始する前では社会的余剰は三角形DEBであり，関税ゼロで輸入を行うと，社会的余剰がDJCBとなり，三角形EJC分の社会的余剰が増加する。そして，政府が貿易業者が海外からある財を1単位輸入するごとにt円を課税するとする。この時には，消費者余剰が三角形DG（P_I+t），生産者余剰が三角形FB（P_I+t）となり，政府の関税収入が四角形FGIHとなり，総余剰はDGIHFBの領域となる。よって，自由貿易の時よりも総余剰は小さくなり，この時，三角形FCHと三角形GIJ分の社会的余剰が減少する。この減少分が死荷重であり，**厚生の損失**とも呼ばれる。

第7章

一般均衡分析

―― キーワード ――

- **一般均衡分析**
  1つの財のみを対象とする部分均衡分析に対して，全ての財を対象として分析を行うのが一般均衡分析である。
- **エッジワース・ボックス**
  2財2消費者を前提として交換のみからなる一般均衡の基本的な分析モデルである。
- **パレート効率性**
  誰か1人以上の効用水準を引き下げることなく，少なくとも1人以上の効用水準を引き上げることのできない状態をパレート効率的と呼ぶ。パレート効率的な状態では，財という資源が最も効率的に配分されている。
- **厚生経済学の第一定理**
  「完全競争市場で実現される競争均衡はつねにパレート最適である」ことを厚生経済学の第1基本定理と呼ぶ。
- **厚生経済学の第二定理**
  「政府が適切な所得分配を行えば，任意のパレート効率的な資源配分を達成させることができる」ことを厚生経済学の第2基本定理と呼ぶ。

　第6章では1つの財のみを対象とする部分均衡分析を学んだが，経済にはさまざまな財が取引されている。そこで本章では多数の財を対象として市場全体の価格と需給量の同時的な決定メカニズムを学ぶ。このような分析スタイルを**一般均衡分析**と呼ぶ。そこでは，対象とする全ての財における需給が一致するような均衡価格が存在すること，そしてそのような均衡価格が存在することに

よって生じる資源配分が**パレート**最適という意味で望ましいことが明らかになる。また，一般均衡分析を深く理解するには数学的なステップを通して学ぶことが必要となるが，本書では可能な限り数式は用いず，直感的な説明を行う。このため，まずは純粋交換経済モデルである**エッジワース・ボックス**について学び，その後に生産と消費を含んだ一般均衡分析を理解していく。最後に厚生経済学の基本定理を通して競争的市場における均衡価格がもたらす資源配分の効率性について考えていく。

1 エッジワーク・ボックス（純粋交換経済）とパレート効率性

まずは生産のない純粋交換モデルについて説明していく。**純粋交換モデル**とは，生産者が存在しない経済を想定し，そこにおける消費の効率性を検討していく。ここで，一定量の第X財と第Y財を保有する2人の消費者Aと消費者Bのみが存在するとしよう。そして，第X財が $X = X_A + X_B$，第Y財が $Y = Y_A + Y_B$ あるとする。ここで消費者Aと消費者Bが交換を行う。X_A は消費者Aの第X財の消費量であり，Y_B は消費者Bの第Y財の消費量である。

図7-1と**図7-2**はそれぞれ消費者Aと消費者Bが直面している無差別曲線を描いている。この2人はそれぞれ与えられた財価格と予算制約により，最適な効用水準を選択することができる。無差別曲線は第2章で学んだように右上のもの程，高い効用水準を示すことに注意である。ここで**図7-2**を原点 O_B

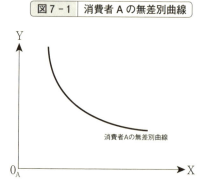

図7-1 消費者Aの無差別曲線

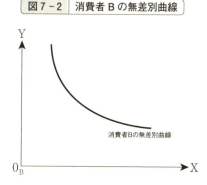

図7-2 消費者Bの無差別曲線

図7-3 エッジワース・ボックス・ダイアグラム

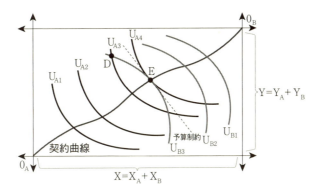

が右上に位置するように回転させて，**図7-1**と合成する。この合成を行うと**図7-3**のような箱型の図が作成される。この**図7-3**は**エッジワース・ボックスまたはエッジワース・ボックス・ダイアグラム**と呼ばれる。

そして**図7-3**では，エッジワース・ボックスの左下は消費者Aの原点，右上は消費者Bの原点である。そして，横軸はX財の消費量を示しており，$X = X_A + X_B$が成立し，縦軸はY財の消費量を示しており，$Y = Y_A + Y_B$が成立している。さらに消費者Aの無差別曲線であるU_{A1}，U_{A2}，U_{A3}，U_{A4}が描かれ，効用水準は$U_{A4} > U_{A3} > U_{A2} > U_{A1}$の順に高い。同様に消費者Bの無差別曲線である$U_{B1}$，$U_{B2}$，$U_{B3}$が描かれ，効用水準は$U_{B3} > U_{B2} > U_{B1}$の順に高い。

図7-3では消費者Aの無差別曲線U_{A3}と消費者Bの無差別曲線U_{B3}は交わっており，レンズ型の形状となっている。このレンズの端にあるD点が望ましい消費量の組み合わせを示しているかを検討してみたい。その判断基準として**D点よりも互いの効用水準を高める組み合わせが存在すれば，D点は望ましいものではない**ことがわかる。そこでE点とD点を比較してみよう。消費者BにとってはD点とE点は同じ無差別曲線であるU_{B3}の線上にあるため同じ効用水準をもたらす。しかし，消費者Aにとって，E点はU_{A3}よりも高い効用水準を示すU_{A4}の線上にあるため，D点よりもE点が望ましい。つまり，**D点からE点へと互いに交換することで消費者Bの効用水準を一定に保ちながら，消費者Aの効用水準を引き上げる**ことが可能となる。

このような「誰の効用水準を下げることなく，誰か1人以上の効用を引き上げること」を**パレート改善**と呼ぶ。つまり，交換の結果として，D点の配分からE点の配分へと変更することはパレート改善がもたらされることを意味している。パレート改善は誰も損を被る経済主体がいないという意味で社会的に望ましい配分の変化である。

パレート改善は望ましいものであるが，それではどこまでパレート改善を続けていくことが可能であろうか。無限にパレート改善を持続させていくことができれば，全ての経済主体の効用を無限まで高めていくことができる。しかし，それは不可能である。何故なら第X財も第Y財も保有量が限られており，この保有量を超えた配分の実現は不可能である。言い換えれば，$X \geq X_A + X_B$ かつ $Y \geq Y_A + Y_B$ である。よって，もうそれ以上の**パレート改善が実行不可能な状態がいずれ発生する**はずである。**このような状態では，誰か一人の効用水準を上げようとすると，必ず誰かの効用を引き下げねばならなくなる。**

ミクロ経済学では「誰か1人以上の効用水準を引き下げることなく，少なくとも1人以上の効用水準を引き上げることのできない状態」のことを**パレート効率的**な状況と考え，このようは判断基準を**パレート効率性**と呼ぶ。市場経済においては，さまざまな利害関係が存在しているが，このような複雑な利害が対立しうる社会では，パレート効率性が極めて重要な判断基準となる。

エッジワース・ボックスにおいて，このようなパレート効率的な配分は実は多数存在している。消費者Aと消費者Bの無差別曲線は無限に存在しているためである。**図7-3**のE点は消費者Aと消費者Bの無差別曲線が1点で接している。このような互いの無差別曲線が1点で接している点ではパレート効率性が成立している。このような点では一方の効用水準を上げようとすれば他方の効用水準を下げねばならないためである。このようなパレート効率的な点を結んでいくと**図7-3**に描かれている**契約曲線**が描かれる。

パレート効率性が成立している場合，両者の無差別曲線が1点で接しているために，消費者Aと消費者Bの限界代替率が等しくなっている。よって，パレート効率性の条件は，

消費者Aの限界代替率 MRS_A ＝消費者Bの限界代替率 MRS_B (1)

となり，このような2財2主体の単純なケースに限らず，多数の財と主体が存在するケースにおいても当てはまり，そこでは異なる消費者の限界代替率が全て等しいことを意味している。何故なら，この(1)式が成立していない場合，交換によって誰かの効用を向上させることが可能であるからである。

厚生経済学の基本定理

厚生経済学とは，主に2つ以上の経済状態（厚生）を比較し，どちら望ましいかを判断する分野である。この判断基準には基本的に2つあり，1つは部分均衡分析による余剰分析であり，他方は一般均衡分析によるパレート効率性基準である。経済学では，完全競争市場においては，市場の価格調整メカニズムによってパレート効率的な資源配分が達成されると考えるが，これが社会的に望ましいと判断される背景について説明していく。

1 厚生経済学の第一・第二基本定理

図7-3で示したように2人の無差別曲線が接している点はパレート最適である。なぜならば，どちらか一方の効用を高めようとすれば，もう一方の効用を減少させなければならないためである。2人の無差別曲線が接している点の軌跡は契約曲線であったが，契約曲線によって経済のすべてのパレート最適な状態があらわされているといえる。このように完全競争市場で実現される競争均衡はつねにパレート最適であり，よって(1)が成立する。この，

●**完全競争市場で実現される競争均衡はつねにパレート最適である**

ことを**厚生経済学の第一基本定理**と呼ぶ。

では，パレート効率的な点はすべて「望ましい」といえるのかを再検証してみたい。例えば，契約曲線上の原点であるO_AやO_Bに極めて近いような配分では，どちらかが財をほぼ独占しているような極めて不公平な印象を受ける。たとえば，図7-4のF点のような状態である。

しかし，パレート効率性が満たされている。よって，パレート効率的であるからといって社会的に受容される状態であるとは限らない。しかし，パレート

図7-4 消費者Aに有利な配分

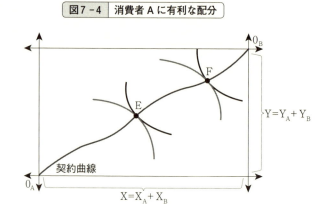

効率的ではない状況ではパレート改善が可能であるため，パレート改善がパレート効率的となる状況まで継続していく。結果として望ましい状態とはパレート効率的であることとなる。

まとめると，
① パレート効率的な状態は多数あり，
② パレート効率的な配分には極めて不公平なものも含まれるが，
③ 望ましい状態ではパレート効率性が成立している

こととなる。

上記の「パレート効率的な配分には極めて不公平なものも含まれる」にも関わらず，「パレート効率的な配分は望ましい」とすることに違和感を覚える読者は多いことであろう。そこで，より公平かつ効率的な配分を実現するための手段は存在するのであろうか。

これに対する答えは**厚生経済学の第二基本定理**と呼ばれるものである。厚生経済学の第2基本定理とは，

●政府が適切な所得分配をおこなえば，任意のパレート効率的な資源配分を達成させることができる

というものである。より厳密には「あらゆるパレート効率的な配分であっても，一括固定税と一括補助金という手段を用いて所得再配分を行えば，完全競争市

場均衡が達成される」ことである．

　契約曲線上の点のどこで資源配分が決定されるかは交換が行われる前の初期状態に大きく依存する．**図7-3**の契約曲線上の原点であるO_AやO_Bに極めて近いような点は極めて不公平に思えることについては前述のとおりであるが，このような初期状態から交換を始めても，初期保有量が少ない方の消費者は不利であり，このような格差が是認されないかもしれない．厚生経済学の第二基本定理は，政府が富める者から貧しい者へと所得の再分配政策を行って，初期保有を操作すれば，機会均等化を図ると同時に効率的な競争均衡配分が達成できることを示唆している．

　最後に効率性について附記したい．効率性というと，ただひたすらコストを削減し，消費者の安全安心や多様な嗜好を無視したようなイメージを持っている人も多いかもしれないが，経済学が意図している効率性とは，**消費者のさまざまな嗜好に沿うように無駄なく資源を配分した状態である**ということである．消費者が安全安心や地域性やこだわりといったことを重視するのであれば，市場の効率性は極めて重要な価値基準となるのである．多様な消費者の嗜好を無駄なく満足させるためには，現在のところ，市場競争が最も実践的な手段であり，これを政府や中央計画で代替することは困難であろう．

　また，何らかの経済政策を通して資源配分に変化が発生するとしよう．その変化の前後で，誰の効用水準も下がらずに1人以上の効用を上げることができるというパレート改善が達成できず，誰か1人以上の効用水準が向上すると同時に誰か1人以上の効用水準が減少するという事態が発生するかもしれない．このような**誰かが得をして誰かが必ず損をする**ような経済厚生の変化は極めて頻繁に発生する．たとえば，山林を開発してゴルフ場を建設する計画がある場合に，ゴルフ場建設で利益を得る業者がいる反面，森林浴やハイキングを楽しむ人々の効用は減少してしまう．このような場合に経済学はどのように考えるのであろうか．基本的な解決策として**カルドア＝ヒックス基準**という判断基準が存在する．カルドア＝ヒックス基準とは，ある経済がとあるプロジェクトによって配分Aから配分Bへと経済厚生が変化する場合に，経済厚生が向上し便益を得る者が，経済厚生が減少する損を被る人々へ「仮に」補償を与えてもなお便益が存在するのであれば，配分Aから配分Bへの移行は望ましいとす

るものである。つまり，得をする人の得の総額が，損をする人の損の総額を上回るのであれば，それは是認されるということである。

　厚生経済学ではそのような損を被る人々が発生する場合に効率性と公平性のバランスを鑑みながら，望ましい補償のあり方を分析している。これは極めて難しい問題を抱えているが，より客観的な判断基準をもとにさまざまな応用問題への解決を模索している。詳細はミクロ経済学の基礎を理解した上で厚生経済学の専門的テキストを参照されたい。

第 8 章

不完全競争市場 I －独占－

キーワード

- **完全競争市場**
  市場参加者は常に競争状態にさらされ，市場が決められた価格に従って行動しなければならないという，効率的な資源配分を実現する市場。
- **不完全競争市場**
  少数の供給者または需要者によって市場価格がコントロールされる市場。
- **独占**
  市場において売り手または買い手が1社のみで，生産量と市場価格を支配している状態。
- **独占的価格差別**
  独占企業が同一製品であっても買う人によって異なる価格を設定すること。

　第6章と第7章で説明したように，一般均衡分析モデルは数種類の財の価格と需給量の関係を分析し，消費者や生産者がすべての財の価格を与えられたと考えるので，このような市場は**完全競争市場**という。これに対して，部分均衡分析モデルは1つの財の価格と需給量の関係を分析し，特定の企業が生産や価格を支配するケースを対象にするので，このような市場は**不完全競争市場**という。本章は，不完全競争という市場構造を取り上げ，なかでも，特定の企業が生産と市場を支配するケース，すなわち「**独占**」下の企業がどのように行動するかを考察する。

市場構造

　市場は，完全競争市場と不完全競争市場の2つに大別される。完全競争市場とは，市場参加者は常に競争状態にさらされ，市場が決められた価格に従って行動しなければならないという，効率的な資源配分を実現する市場とされる。しかし，現実の経済では，このような完全競争に該当するような市場を見出すことはなかなか難しい。多くの場合は一部の企業によって市場価格がコントロールされている。これは，現実の市場は完全競争の条件を満たさない市場構造となっており，不完全競争市場と言える。

1　完全競争市場

　完全競争市場は，通常，つぎの4条件が満たされるものと考えられる。
① 取引される財の同質性
② 需要者と供給者は価格受容者
③ 情報の完全性
④ 取引費用がゼロ
　そのうち，①については，市場で売買される財に「差」は存在しないと仮定する。②については，一物一価に基づき価格が決められ，需要者と供給者が無条件にその価格を受け入れる。③については，それぞれの消費者や企業が財の取引に関する価格と質に関する完全な情報を持っている。④については，一般の取引では，財や取引相手に関する情報を得るための費用，交渉や契約の費用などの費用がかかるが，取引費用がゼロの場合，財の市場価格以外に負担しなければならない費用がゼロと仮定する。
　したがって，完全競争市場には多数の小規模の売り手と買い手が存在し，財・サービスが同質であり，売り手も買い手も完全な情報を持ち，しかも自由に市場への参入と退出できるという条件が満たされる。そのため，完全競争市場では，売り手側の企業が市場価格に対して何ら支配力を持たず，市場で決定された価格のもとで生産し，生産したものはすべて販売しうるので，売り手側

の企業はその時々の価格によって，どれだけの数量を生産・販売するかを決定すれば良い。

2　不完全競争市場

ただし，完全競争市場に関する上記仮定条件がなくなると，売り手や買い手の行動が「価格」に対する支配力を持つことになる。たとえば，①取引される財の同質性という仮定がなくなれば，市場で売買される財に「差」が存在することになる。②供給者は**利潤最大化**を目指して，より高い価格で販売するが，一方の需要者はより安い価格で購入する。③情報の完全性という仮定がなくなれば，財やサービスに対する情報は，現実的には消費者よりも生産者のほうが多く持つことが考えられ，**情報の非対称性**が生じる。④**取引費用**は現実の経済活動にゼロにはならず，輸送コストや取引コストなどが結果的に販売価格に跳ね上がることは言うまでもない。つまり，このような状況の下，不完全競争市場が生まれる。

また，現代の経済活動においては，販売する商品が同一であっても，それを販売する業者の規模が大きいほど大量仕入れや大量販売などが可能となり，そこからより安く販売するということが可能になるので，大企業ほど有利になる。結果的に，不完全競争市場における価格支配力，売り手の数，製品の差別化，参入障壁などの市場構造的特徴から，「**独占**」，「**独占的競争**」，「**寡占**」という3層の市場構造が生まれる。

「独占」というのは，特定の企業が他の競争者を排除し，生産と市場を支配している状態である。ただし，これは完全競争市場と同様に現実に見出すのは困難である。この「独占」と「完全競争」との間の中間的存在として「独占的競争」と「寡占」がある。「独占的競争」というのは，多数の企業が競争に参加しており，参入障壁もないという点で競争的市場ではあるが，他企業とは異なる製品・サービスを提供しており，一定程度の市場支配力を有している点で独占的要素も併せ持つ。また，数社で市場を占有しあうのが「寡占」である（**表8-1**）。

表8-1 市場構造

市場構造的特徴	完全競争	不完全競争		
		独占	独占的競争	寡占
価格支配力	なし	あり	一定程度あり	あり
売り手の数	多数	1企業	多数	少数
製品の差別化	なし	なし	あり	あり・なし
参入障壁	なし	あり	なし	あり
産業例	為替市場・株式市場など	タバコ・JRなど	レストラン・ホテルなど	自動車・ビールなど

3 完全競争と不完全競争の需要曲線

完全競争下にある企業は小規模の企業であり、各企業が市場で決まった価格の下で生産し、生産したものはすべて販売しうると仮定されるので、各企業が直面する**需要曲線**は、図8-1のようになる。

市場価格の高さで企業の需要曲線が横軸と平行な直線を示す。この時の売り手は、その時々の価格によって、どれだけの数を生産・販売するかを決定するだけである。完全競争市場では、市場価格を上回る値段を付けた場合には、買い手が現れないため、すべての顧客を失うことになる。また、その価格によって生産量をすべて販売できるので、それより安くしたり、費用をかけて宣伝したりする意味は持たなくなる。

図8-1 完全競争下の企業の需要曲線

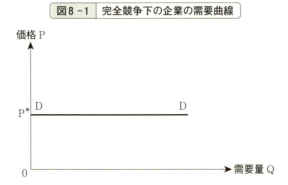

図8-2 不完全競争下の企業の需要曲線

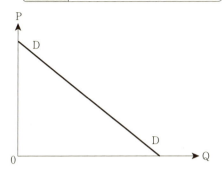

これに対して，不完全競争においては，企業はその供給量と需要量を調節することによって市場価格に影響を及ぼしうるので，市場支配力を持っている。この場合，**図8-2**のように，右下がりの需要曲線を示す。企業が市場でより多く販売するために，需要曲線に沿って価格を引き下げる。また，価格を引き上げても需要の一部が減少することはあっても，すべての顧客を失うことはない点が完全競争市場と異なる。このように，不完全競争においては，個々の企業の需要曲線は右下がりになる。これは，完全競争と不完全競争を比較した場合の主な相違点と言える。

2 売り手独占

　独占市場には，市場において独占企業（売り手）が1社のみで，代替性の高い類似の財・サービスを供給する企業がほかに存在せず，参入障壁が非常に高いといった特徴を持つ。そのため，独占企業はその地位を利用して，生産物やサービスの価格を市場競争価格以上の水準に設定することが可能となる。その結果として，独占企業は，競争的企業に比べてより高い独占的利潤を得ることができ，経済資源の適正な配分と分配をゆがめることになる。以下では，独占企業による生産量と価格決定のメカニズムを考察する。

1　総収入曲線と総費用曲線

　図8-3は独占市場における需要曲線を示す。この市場では1社のみが生産物を供給するので，市場の需要曲線は，すなわち独占企業が直面する需要曲線である。図から，独占企業は生産物Q_1を販売する時にP_1という価格を設定できるが，Q_2を販売する時にP_2という低い価格で設定しなければならない。これは，生産量とそれを売りつくすための生産物価格との間には負の相関関係が存在することを意味する。つまり，独占企業が少ない生産物を供給すれば高い価格を設定できるが，逆に多い生産物を販売しようとすれば，価格を低く設定しなければならないからである。

　企業の総収入は，「生産量×価格」で得られる。したがって，生産量Q_1の時の総収入は「生産量Q_1×価格P_1」で，図では$0P_1AQ_1$の面積を示す。生産量Q_2の時の総収入は「生産量Q_2×価格P_2」で，生産量Q_1の面積$0P_1AQ_1$より大きい$0P_2AQ_2$の面積が得られる。しかし，生産量Q_3の総収入になると，$0P_3CQ_3$の面積は生産量Q_2の時より小さくなる。これは，生産量はゼロから増加していくうちに，総収入は徐々に増加するが，生産量Q_2になると，総収入が最大に達する。それを過ぎると，総収入が減少する方向に向かう。そして，生産量が十分に大きくなって価格がゼロになると，総収入もゼロになる。つまり，生産量の増大は，販売される数量が増加し総収入を増やす効果があるが，価格が徐々に下げていくうちに，総収入が次第に減少していく効果も伴う。独占企業にとって，生産量と価格の間には2つの相反する効果を持つことを意味する。

　このような独占企業の総収入の変化を示したのは図8-4の総収入曲線TRである。図から，同曲線が生産量の増大に伴って，総収入が右上がりの動きを示し，生産量Q_2に達した時，総収入Bがピークに達するが，さらに生産量を拡大させると，総収入曲線が右下がりに転じ，最後に総収入がゼロになるまでの過程を確認できる。

　通常，生産量を1単位増やすときの収入の増加は**限界収入**と呼ぶ。限界収入は生産量の増大とともに減少していくが，生産量がQ_2を超えると，総収入が

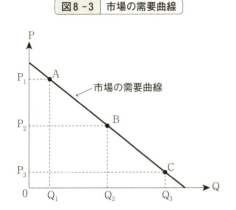

図8-3 市場の需要曲線

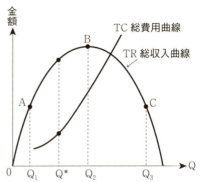

図8-4 総収入と総費用

減少していくということは，限界収入がマイナスになることを意味する。一方，生産物を生産するために各種投入が必要で，その投入にかかる費用は総費用である。生産量の増大とともに投入する費用も増えるので，総費用曲線 TC は右上がりになる。すると，図にはアーチ型の総収入曲線 TR と右上がりの総費用曲線 TC という2本の交差する曲線が確認される。この総収入と総費用の差は，すなわち企業の利潤である。

一般に利潤最大化を目指す独占企業は，**総費用曲線** TC と**総収入曲線** TR との垂直距離が最大になるまで生産量 Q^* を選んで生産を行う。この生産量においては，限界収入が**限界費用**（生産量の増加分1単位当たりの総費用の増加分）に等しくなるはずである。なぜなら，限界収入が限界費用を上回れば，生産量を増加することによって利潤を増大できるが，限界収入が限界費用を下回れば，生産量の縮小によって最大利潤を確保できるからである。

2 限界収入と限界費用の数値列

表8-2は，独占企業の限界収入と限界費用の数値列を示したものである。生産量は1～4の増大にしたがって，総収入（生産量 × 価格）は14から最大32まで増大していくが，生産量5に入ると，総収入が減少するようになり，生産量7になると，総収入が生産量1と同額に戻る。

表8-2 独占企業の限界収入と限界費用

生産量	価格	総収入	限界収入	限界費用	限界評価
1	14	14	14	0.5	10
2	12	24	10	1	9
3	10	30	6	1.5	8
4	8	32	2	2	7
5	6	30	-2	2.5	6
6	4	24	-6	3	5
7	2	14	-10	3.5	4

　独占企業における生産量と総収入に相反する効果が存在することは既述の通りである。独占企業の場合，1単位余分に販売するためには，値下げをしなければならない。しかも値下げは追加的に販売する単位だけでなく，販売する全単位について行う必要があるので，総収入は生産量とともに減少していく理由になる。問題は，独占企業はどの時点まで生産の継続を判断するのか。

　利潤最大化を目指す企業は，通常，限界収入が限界費用と等しくなるまで生産し続ける。この場合，1単位の生産量を増やすときの収入の増加を示す限界収入は，表から以下の推移が確認される。まず，生産量がゼロから1に増えると，総収入はゼロから14になるので，生産量1の限界収入は14-0=14になる。また，生産量2の限界収入は24-14=10になる。そして，生産量3は6，生産量4は2，さらに生産量5は-2に転じ，生産量7の時，限界収入が-10というマイナス幅が最大になる。

　一方の限界費用は，生産量1単位の増加にあたって0.5を増やしていくと仮定するなら，限界収入が限界費用と等しくなるのは，生産量4の時である。それよりも少ない生産量では限界収入が限界費用を上回り，生産の増大が利潤を増加させるのに対して，それよりも多い生産量では生産の縮小が利潤を増大させることになる。したがって，生産量4の時は独占企業の利潤最大化の生産水準になる。

　ただし，この生産水準が市場の最適に達したかどうかを評価するには，消費者の限界評価という概念を用いて説明する必要がある。限界評価とは，「財の

消費量を1単位増加したときの効用の増加分」を「金銭的評価」で表す概念である。消費量が少ない時，効用の増分が大きいが，消費量が大きくなるにつれて，効用が次第に減少していくという右下がりの曲線である。この概念に従って，市場の需要量は「価格」が「限界評価」に等しくなるところで決定されると考えられる。

たとえば，生産量（需要量）1の時の限界評価は10とし，1単位が増えるごとに限界評価が1ずつ減っていくとする。すると，生産量（需要量）5の時の限界評価は6で，ちょうど価格に等しくなる。したがって，生産量5は生産したほうが社会的に有利な水準と言える。問題は，独占企業が生産量4の時に既に利潤最大化に達したため，生産量5を生産しようとしなくなるので，社会的なニーズとの間にギャップが生じることになる。言い換えると，独占企業が自己利益を最大化するような生産量決定は，必ずしも社会の最適水準とは限らず，独占による市場の失敗が生まれる原因になる。

3 買い手独占

売り手独占は供給側の行動であるが，現実の経済では，需要側による独占行為が行われることもある。たとえば，ある地域において，1企業は労働市場における唯一の需要者である。そのため，当該企業は労働者需要を独占する立場を利用し，労働者に支払う賃金を過小に設定しようとする。以下では，この独占企業がどのように労働者賃金を決定するかを考察する。

ある農村部に初めての企業が進出してきた。より安定的な収入を得るために，この企業で働きたい住民と，労働者を雇いたいがなるべく賃金コストを抑えたい企業がある。**図8-5**はこの買い手独占企業の雇用決定を例示する。図の縦軸は労働者の賃金，横軸は雇用量を表す。右下がりのD曲線は労働の限界価値生産物を表す（労働の需要曲線と理解しても良い）。つまり，労働者1人を追加的に投入した時に得られる生産物の価値（生産量×生産物価格）を意味する。D曲線が右下がりになるのは，より多くの雇用をするほど，追加的な労働の評価が低くなることを意味する。右上がりの曲線Sはこの労働市場の供給曲線である。賃金が高いほどより多くの労働者を雇えるので，**労働供給曲線**

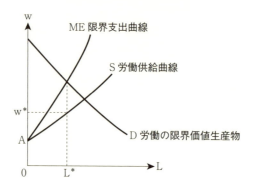

図8-5　買い手独占と価格設定

は右上がりになる。

　ここで，この企業はどのような賃金でどれだけの人を雇ったらよいのかを考えよう。今，高い賃金を出すほどより多くの労働者を雇えるが，それだけ賃金コストも大きくなることが分かる。つまり，追加的に1人雇うことで賃金コストがどれだけ増大するかという限界支出の概念が重要になる。図の右上がりの曲線 ME は限界支出曲線である。**限界支出**は労働者を1人追加的に雇う時に，労働者に対して追加的に支払わなければならない賃金を表す。労働者を追加的に雇うには，追加的に雇う労働者だけでなく，それまでに雇用を決定している労働者に対して賃上げをしなければならないので，労働者1人を追加的に雇う費用はその労働者のための賃金より高くなる。そのため，限界支出曲線は労働供給曲線の上方に位置する。

　すると，図から以下の事実が読み取れる。①雇用労働者数が少ない段階では，限界価値生産物が限界支出を上回っている。したがって，雇用労働者数を増やしたほうが有利になる。②雇用労働者数が L^* を超えると，限界価値生産物が限界支出を下回るので，企業はより多くの賃金コストを支出することになる。したがって，L^* が企業の利潤を最大化する雇用量になる。③L^* 水準の労働供給を引き出すために，企業は w^* に等しい賃金を支給すればよい。

　ただし，社会的にみてこの雇用量が最適でないことは売り手独占の場合と同じように論じることができる。つまり，売り手独占の場合には，供給量を制限

することで価格を吊り上げていくが，買い手独占の場合には，需要量を制限することで価格（賃金）を引き下げていく。

4　独占的価格差別

　独占企業が，同一製品であっても買う人によって異なる価格を設定することを，**価格差別**という。同じ製品でも高くても買う人には高い価格で販売し，安くないと買わない人には安い価格で販売するという，消費者によって異なる価格をつけることは，独占企業にとって利潤を上げるための重要な販売戦略となる。

　実際，独占企業が行う価格差別の例を見てみよう。**図8-6**は，たとえば，あるスマートフォン機種に対する需要曲線を例示している。図の縦軸は価格，横軸は需給量を示す。価格が下がるにしたがって需要が拡大するので，需要曲線Dは右下がりになる。需要曲線Dより下方に位置するのは，**限界収入**（1単位追加的に供給した時の収入の増加を示す）曲線 MR である。また，直線 MC はこの機種を追加的に1台生産し販売するための費用（限界費用）を表す。企業が利潤（売上−費用）を最大化すると，価格と限界費用が等しくなるので，限界費用の水準は P_2 という需要量と並行する曲線となる。通常，利潤最大化

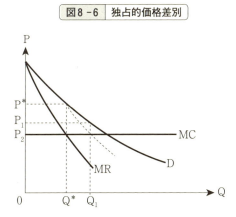

図8-6　独占的価格差別

を目指す企業は,限界収入が限界費用と等しくなるまで生産し販売し続けるので,限界収入曲線と限界費用曲線が交差する時の需給量 Q^* が最も望ましい水準になる。

しかし,ここまでの議論は,すべての消費者に同一の価格で販売することであるが,独占企業はより多くの利潤を上げるために,価格差別を行う方法を取る。つまり,独占企業はまず高くても買いたい消費者に正規価格で売り出す。そして,需要が一巡した後,各種割引を付けた安い価格で再販売する。

図では,まず P^* という正規価格で売り出す価格を示す。この時点,最新の機種をどうしても手に入れたい消費者が買うので,Q^* だけの量が販売される。しかし,独占企業がより多く販売するために,今度は各種割引を付けた安い価格 P_1 で販売するようになる。すると,図の $Q_1 - Q^*$ だけの販売台数が増えることになる。

この方法によって,もともと正規価格で買わない消費者が,価格を引き下げたことによって買うようになるので,明らかに独占企業の利益は増加する。ただし,このような時間差による価格差別は,独占企業が一方的な利潤拡大(**生産者余剰**)になったとは限らない。なぜなら,後から安い価格で購入する消費者が増え,**消費者余剰**(消費者が商品を買ったときの「お得感」を金額換算したもの)の増加を通じて,社会的総余剰(消費者余剰+生産者余剰)の増加につながるからである。

一般に独占企業が過少生産による利潤の獲得は社会的に批判を受けやすいが,ここでは,価格差別の導入によって,逆に生産が拡大され,多くの消費者が高性能の機種を利用できるというメリットがある。従って,この場合の独占的行為は,それ自体が直接的に資源配分に悪影響を及ぼすとは言い難い。問題は,このような時間的価格差別が常にうまく機能するとは限らない。なぜなら,消費者がもし後で割引機種が出ることを予想してそれまで待とうとする人が増えれば,企業の生産・販売計画が狂い,正規機種の売れ行きの不振につながるからである。

第 9 章

不完全競争市場Ⅱ －寡占－

キーワード

- **寡占**
  ある商品やサービスに係る市場が少数の売り手，または買い手によって支配される状態。
- **カルテル**
  寡占企業が同じ産業内で競争を制限し，独占的利潤を得ようと共謀を企てること。
- **製品差別化**
  企業は製品の品質や性能を変更することにより競合製品と差別をつける，またはアフターサービスの充実や広告・宣伝の強化などによる製品のイメージや信頼度を高める。
- **複占**
  ２つの企業が同質の商品市場を支配する市場形態。
- **クールノー均衡**
  複占企業が自社の生産量を通じて市場価格を操作し利潤最大化を行う際に，自社以外の生産量は変化しないと仮定するモデル。
- **シュタッケルベルク均衡**
  複占企業が先導者と追随者で構成され，先導者は追随者の反応を読み込んで利潤最大
  化を図るモデル。
- **ベルトラン均衡**
  同質財を供給する複占企業は価格競争を通じて，自社の利潤を最大にしようとするモデル。

現実の経済活動をみると、ビール業界や、自動車業界、テレビ放送業界など、少数の企業が同じ産業の中で競争している例が多数ある。これらの企業は、第8章で見てきたような独占企業でもなければ、完全競争企業でもなく、寡占企業と呼ぶ。

寡占とは、ある商品やサービスに係る市場が少数の売り手（寡占企業）、または少数の買い手によって支配されている状態を指す。寡占企業が他のケースと違うのは、個々の企業がその価格や生産量を決定するにあたり、他の企業の反応が非常に重要な意味を持つということである。独占の場合は、ライバルがいないので、他の企業の反応を問題視する必要はない。完全競争の場合は、個々の企業が市場の中で占めるウェイトが非常に小さいので、この場合にもライバルの行動を考える必要はない。しかし、寡占の場合は、個々の企業が市場価格を左右する力をもちながらも、同業他社の反応も考慮に入れて意思決定をする必要がある。本章は、このような寡占企業の行動様式を考察する。

 寡占企業の行動

寡占は、少数の大企業が特定の産業を支配しながら互いに競争し合う市場構造を作り上げている。形式的には、売り手または買い手が2人の場合を「**複占**」、3人以上の場合を「**多占**」と呼ぶ。このような「複占」および「多占」が形成される理由として、①ある生産要素が少数の売り手によって保有されている。②ほかの企業が真似できない技術を少数の売り手が持っている。③少数の売り手が市場全体の需要を満たしているため、新規参入が難しくなるなどがあげられる。これらの要因はいずれも参入障壁となって、寡占が形成されるのである。また、寡占企業は自らの行動に対してライバル企業がどのように反応し、それが自らの利潤にどのように跳ね返ってくるかを予想しながら自らの行動を決定するという特徴を持っている。したがって、このような寡占企業の行動様式は競争型、協調型、および製品差別化型に大別できる。

1　競争型

競争型寡占は，相手企業との競争に勝ち抜くために，たとえば，自らの製品の価格を引き下げるという行動に出る。この場合，ライバル企業は追随して価格の引き下げを実施するか，または価格を据え置くかという対応に迫られる。引き下げを実施すれば，ライバル企業は利潤の減少につながる恐れがあるが，価格の据え置きで対応すれば，顧客が取られてしまう心配がある。結局，追随して価格の引き下げを実施したほうが良いと判断されるケースが多い。もちろん，この場合，自ら競争を仕掛けた企業も利潤の減少を受ける立場に立たされ，結果的に仕掛ける側とされる側の双方に不利益をもたらす。ただし，このケースの最大受益者は消費者であり，消費者が手頃な値段で製品を入手できるメリットが考えられる。

2　協調型

協調型寡占は，寡占企業同士が価格や生産量などについて協調しあうことによって，寡占産業全体の利潤を高めようとする行動である。このような協調によって，最大化した産業全体の利潤を企業間でうまく分け合えば，どの企業も協調しなかった場合よりも高い利潤を獲得することができる。そのため，寡占産業において，企業同士による協調的な行動は産業全体の利潤最大化にもっとも働きやすい誘因となる。

(1)　カルテル

寡占企業が，同じ産業内で競争を制限し，独占的利潤を得ようと共謀を企てることを**カルテル**と呼ぶ。公然とカルテル的な協調行動がとられる例としては，OPEC（石油輸出国機構）がある。OPEC加盟国は世界市場の石油需給状況を見ながら，定期的に共謀して互いに供給量を協調することで，加盟国の利潤を高めようとする。

ただし，このカルテルを実現するには，互いに協定を守らなければならない。

なぜなら，加盟国がカルテルを守って高価格を維持しようとする時に，他のメンバーを出し抜いて生産量を増やせば高利潤を得ることができるからである。実際にOPEC加盟国の中，割当量を超えて原油を生産する国のケースが幾度か起きている。したがって，カルテルを成功させるためには，共謀した事項をメンバー間で守らせるための有効な取り決めが不可欠である。その場合，複数の寡占企業が継続的な相互依存関係を結び，一時的な裏切り行為をしたメンバーに対して，ほかのメンバーから報復行為を受けるという罰則を設けることがある。そうすることによって，他のメンバーからの報復行為を恐れて，協調的な行動を長期間にわたって行われる可能性が生まれるのである。

(2) プライス・リーダー

今日，ほとんどの国では公正かつ自由な競争を促進するための独占禁止法が制定されている。そのため，明白な共謀が禁止されるのは言うまでもない。しかし，激しい価格競争を避けなければ，寡占産業全体の利益が最大にならないという問題に直面する。そこで，それを回避するための対策として，寡占企業同士が暗黙の相互了解の下での協調が行われることになる。その場合，**プライス・リーダー**となる企業の存在が重要な役割を担う。たとえば，ビール業界において，プライス・リーダーとなる企業がまず値上げを先導する。すると，短期間に他のビールメーカーもこれに追随して値上げを発表する。その際，これらの企業は市場環境の変化，たとえば酒税の変更などに対応していると主張するので，共謀があっても立証することは難しい現実となる。

(3) 製品差別化型

競争型，協調型のほかに，自社製品をライバル他社製品との競争を極力避けるための，**製品差別化**が有効な対策と見られる。企業は製品差別化を行うことで，価格競争を回避し，非価格競争を行うことになる。その際，企業は製品自体の品質や性能を変更することにより競合製品と差別をつけようとする方法と，製品それ自体には競合製品との差別をつけず，その製品に対する買手のイメージや信頼度を高めて差別化する方法がある。後者の場合，アフターサービスの充実や広告・宣伝の強化などの手法が良く活用される。

また，製品差別化は新規企業が当該産業への参入を困難化する理由にもなる。ある寡占企業の製品差別化が参入障壁として有効に働けば，その企業が超過利潤をあげていても他の企業は参入できない。そのため，この寡占企業の超過利潤は長期にわたって受けることが可能になる。

2 屈折需要曲線

寡占企業は，常にライバル企業がどのような態度に出るかを推測しながら，自らの利潤を最大にしようとする。また製品差別化を図りながら価格競争を避けようとする。このような寡占企業の行動は，**屈折需要曲線**を用いてそのメカニズムを説明することができる。

図9-1はある寡占企業が製品の値上げ，または値下げを実施した際，ライバル企業がどのように対応するか，それによってこの企業がどのような需要曲線に直面するかを示すものである。現在，この企業は生産物価格をP*から値上げしたとする。この場合，ライバル企業は事前に共謀を行わない限り，その値上げに追随しないであろう。すると，値上げを実施した企業製品の利用者のかなりの部分は，他のライバル企業の製品を利用するようになり，当該企業の製品に対する需要は大きく減退する可能性がある。ただし，製品差別化が図ら

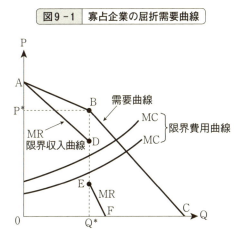

図9-1 寡占企業の屈折需要曲線

れたこの企業の製品が気に入っている利用者は多少の値上げがあってもまだそれを需要するので，値上げ後の需要量はゼロにはならない。需要曲線の AB の部分はこうした事情を表しており，直線 AD はそれに対応した限界収入曲線である。

今度，この企業は製品の価格を P^* から値下げしたとする。この場合，ライバル企業は顧客が奪われることを恐れて，その値下げに追随するであろうし，値下げを実施したこの企業は期待通りに需要量を増加させることができないと考えられる。すると，この値下げを反映した需要曲線 BC の勾配は，値上げを実施した需要曲線 AB のそれよりかなり急になる。また，BC に対応した限界収入曲線は EF である。

このように，寡占市場において，各企業は他の企業の値上げには同調しないが，値下げに同調する可能性が高い。現行の市場価格である P^* より高い場合と低い場合では，ライバル企業の反応が異なるので，この企業の直面する需要曲線は屈折になり，限界収入曲線は Q^* で不連続になる。また，限界費用曲線 MC に対応した需要量 Q^* はこの企業の利潤を最大化した生産量である。なぜなら，それよりも少なくなると限界収入は限界費用を上回り，それより多くすると限界費用が限界収入を上回るからである。この時，限界費用曲線が MC から MC′ に上方シフトしても，利潤を最大化する生産量と生産物価格は依然として Q^* と P^* にとどまっている。

3 複占モデル

寡占のうち，2つの企業が同質の商品を供給する市場形態は複占と呼ぶ。複占市場では，生産物価格が両企業の生産量の合計に依存して決まるので，一方の企業の生産量は市場の生産物価格を通して他方の企業の利潤に影響する。そのため，両企業の間には強い相互依存関係が存在する。このような関係に注目して，複占市場における企業行動を説明する代表的な理論は「**クールノー均衡**」，「**シュタッケルベルク均衡**」，「**ベルトラン均衡**」が挙げられる。

1　概念の定義

　まず，クールノー均衡，シュタッケルベルク均衡を説明するにあたって，その分析用の基礎的道具としての「**等利潤曲線**」と「**反応曲線**」の概念を先に定義する。

　いま，ある複占市場に企業1と企業2がある。それぞれの供給量は Q_1，Q_2 である。すると，等利潤曲線とは企業1と企業2について，それぞれ一定水準の利潤を確保する Q_1，Q_2 の組み合わせの軌跡であると定義される。つまり，**図9-2**では，π_1，π_1'，π_1'' と描かれた曲線群は企業1の等利潤曲線に当たる。たとえば，π_1 と記された曲線についてみると，その上ではどんな Q_1，Q_2 の組み合わせを選んでも，得られる利潤の大きさはすべて同じである。また，Q_1 が所与とされる場合，Q_2 が大きくなるほど企業1の市場シェアは小さくなるから，等利潤曲線は上にあるものほど利潤の額は小さくなる。B点では企業1が市場を独占することを意味するから，利潤の額は最も大きい。**図9-3**には同様のことが企業2について描いており，同じ理由によって企業2の利潤は右にある等利潤曲線になるほど小さくなる。

　ここで，もし**図9-2**において，企業2の供給量 Q_2 が任意に与えられた時，

図9-2　企業1の等利潤曲線と反応曲線	図9-3　企業2の等利潤曲線と反応曲線

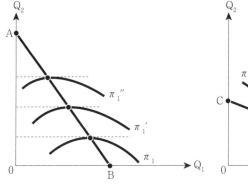 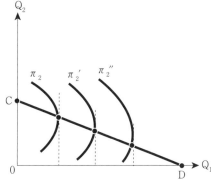

その下で企業1が利潤を最大化するとすれば，その場合の企業1の供給量 Q_1 は，所与の Q_2 に応ずる点線の水平線が，ある等利潤曲線と接する点において決定されることになる。そこで Q_2 の値をさまざまに変えた時，その都度，企業1が最有利な供給量を定めるとすれば，その軌跡は図の AB 曲線のように描かれる。これが企業1の反応曲線である。ライバル企業の供給量 Q_2 が小さくなるにつれて，企業1にとっての最適供給量は当然大きくなるから，反応曲線は右下がりになる。同様に**図9-3**には，企業2の反応曲線が CD として描かれている。これは Q_1 のそれぞれの値に対して，企業2の利潤を最大化する Q_2 の軌跡である。

2　クールノー均衡

クールノー均衡では，同一財を生産する複占企業が自社の生産量を通じて市場価格を操作し利潤最大化を行う際に，自社以外の生産量は変化しないと仮定する。たとえば，ある複占市場にいて，企業1と企業2が同一財を生産・供給している。企業1は企業2の供給量を与えられたものとして行動すると仮定するなら，企業1の供給量は市場全体の需要から企業2の供給量を差し引いたものになる。ここで，市場全体の需要が一定であり，企業2の供給量が変わらな

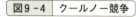

図9-4　クールノー競争

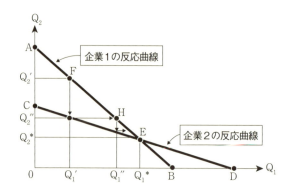

ければ，企業1は供給量を減少させると，少ない供給量で高い価格で売れるので，企業1が供給量を減少させて利潤が増えることになる。

図9-4は，企業1と企業2の生産量をそれぞれ横軸Q_1と縦軸Q_2で示している。点Fは企業2の供給量Q_2'が与えられたものとして，企業1の利潤を最大にする供給量はQ_1'を示す。曲線ABは企業2の供給量に対応するため，企業1の利潤を最大にする供給量を示しており，曲線ABは企業1の反応曲線となる。また，企業2も企業1と同じように行動するものと仮定すると，企業2の反応曲線はCDとなる。

ここで，今度は企業2が企業1の供給量Q_1'を与えられたものと仮定すると，その供給量をQ_2''に決定する。企業2の供給量がQ_2''になると，企業1の供給量はQ_1''に決定する。このように，企業1と企業2が反応しあうと，最終的には点Eに到達し，企業1と企業2の供給量はそれぞれQ_1^*とQ_2^*になる。その際，点Eでは，企業1の反応曲線ABと企業2の反応曲線CDが交わっており，両企業が個々の供給量を決定するにあたって前提とした相手の供給量が実現しているため，点Eはクールノー均衡点になる。

3 シュタッケルベルク均衡

シュタッケルベルク均衡では，複占企業が先導者と追随者で構成されると仮定する。追随者は，先導者の生産量を所与として利潤最大化を図る。これはクールノー競争の場合と同じであるが，これに対して先導者は，自分の行動に対して追随者が後追いで「生産量」を決めることが分かっている。このような状態のなか，先導者は追随者の反応を読み込んで利潤最大化を図る。

図9-5では，企業1の等利潤曲線π_1^{**}が企業2の反応曲線CDに接する点Fで示され，π_1^{**}がπ_1^*より下にあることからも分かるように，その点Fは企業1にとってクールノー均衡の点Eよりも有利な利潤を与えることになる。したがって，この場合，もし企業1の想定が正しく，企業2が受動的に企業1の決定に従うとすれば，F点において企業1を主導者とし，企業2を追随者とする，いわゆる主導者型の均衡が成立することになる。ただし，もし主導者と追随者の関係を逆にして，企業2を主導者，企業1を追随者と考える場合，同

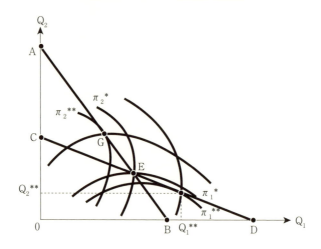

図9-5 シュタッケルベルク均衡

様にG点において，主役を入れ替えた主導者型の均衡が成立する。

ところで，シュタッケルベルク仮定の下では，以下の問題が存在する。もし，二つの企業のうち，一方が先導者，もう一方が追随者として行動するなら，両企業の予想が現実になるので，均衡に到達するであろう。しかし，両企業がともに追随者として行動するなら，企業1がF点の実現を期待して行動し，企業2がG点の実現を期待して行動することになる。結果的には両者がともに期待を裏切られることになる。その際，両企業は予想の修正を迫られることになろう。その結果，お互いにライバル企業が追随者として行動しようとしていることを知れば，クールノー均衡が実現するのである。

上記のように，クールノー均衡とシュタッケルベルク均衡では，市場を支配する2企業のどちらにとっても，もう一方の企業の反応関数は所与であり，企業が最大化を行うのは自己の利潤のみである。その結果，どちらの企業の行動も期待されるほどの利潤を実現できないであろう。しかし，もし両企業が共謀して市場全体の利潤最大化を図るなら，その独占利潤を最大化することができる。また，最大化された利潤を分け合うことによって，各企業は協力する前よりも大きな利潤を獲得することができるであろう。

しかし，両企業の共謀による合計利潤の最大化の発想は，両企業の生産量合計が決定できるが，それぞれの生産量をどれだけにするかは決めることができない。なぜなら，両企業の費用関数が完全に対称的になっているとは限らない。一般に両企業の費用関数の形状が異なれば，両企業の生産量はその費用関数に従って決定されるからである。

その結果，企業1と企業2が共謀による協力関係を結んだが，両者の生産量の違いにより，合計利潤の最大化を守らない可能性がある。実際，もし企業2が合計利潤の最大化による生産量を忠実に守っているなら，企業1は自己の生産量を増加させることによって利潤を増加させることが可能である。つまり，一方の裏切り行為によって，共謀の均衡を不安定なものにする事態が生まれる。したがって，このような裏切り行為が発生しないための，複占企業同士による有効な監視しあうシステムが不可欠であろう。

4 ベルトラン均衡

クールノー均衡とシュタッケルベルク均衡はいずれも生産量に注目した競争戦略であるのに対して，ベルトラン均衡は製品の価格に注目する。ベルトラン均衡のポイントは，同質財を供給する複占企業は価格競争を通じて，自社の利潤を最大にしようとする。価格競争を繰り返すため，価格が限界費用と等しい水準になるまで生産し続ける。一方の消費者は同質財であれば，価格の低い方の財を買うため，企業は競争相手より低い価格をつければ，すべての需要を独占できるので，最低価格に対する需要量は市場取引量になる。

図9-6はこのような競争モデルを示す。企業1が財の価格をP^1とするとき，企業2は価格をP''とすることで，企業1からすべての需要を奪うことができる。つまり，同質財であれば，消費者は1円でも安い方から買おうとするため，企業1の高い製品を買う必要性がなくなる。すると，企業1は市場シェアを奪い返すために，価格の引き下げを行おうとする。それに対して，企業2はさらに値下げを行う。両社が値下げ競争を繰り返していくうちに，価格はP^*に到達する。P^*は限界費用MCの水準と等しくなるため，それぞれの企業が単独でQ^*だけ生産し，すべての需要を独占できるので，最低価格に対する需要量

図9-6 ベルトラン均衡

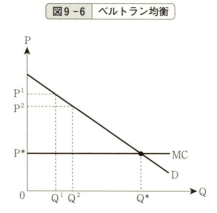

は市場取引量になる。

上記のように，ベルトラン競争では，価格が限界費用と等しくなるということは，完全競争と一致する。また，このような市場にたった2社がいるだけで完全競争が成立するということは，**ベルトラン・パラドックス**とも言われる。

しかし，現実の経済活動では，安い価格をつけた企業がすべての需要を奪い，高い価格をつけた企業はまったく売れないということはまずない。なぜなら，現実の市場には完全な同質財がほとんどないからである。仮に売られている財がほとんど同質であっても，売っている場所や受けられるサービスが異なるので，市場に2社だけで完全競争が成立するということは起きないであろう。したがって，差別化された財の市場での競争戦略がより重要となろう。

第10章

ゲーム理論

キーワード

- **ゲーム理論**
  複数の意思決定を行う主体が，その意思決定に関して相互作用する状況を研究するための理論である。利得表を用いてゲームを簡単に示すことができる。
- **戦略形ゲーム**
  プレーヤーが同時に意思決定を行うゲームである。
- **ナッシュ均衡**
  各プレーヤーが他のプレーヤーの戦略に対して最適な戦略を選択している状態である。
- **展開形ゲーム**
  各プレーヤーの意思決定が時間的な順序で行われるゲームである。展開形ゲームは，樹木を逆さにしたような図で表現されたゲームツリーで考える。

1 ゲーム理論とは

1 ゲーム理論と戦略的意思決定

　ゲーム理論とは，複数の意思決定を行う主体が，その意思決定に関して相互作用する状況を研究するための理論である。ゲーム理論において，意思決定をする主体については，個人や企業，国家のように現在考えている問題で１つの

まとまった意思決定ができる単位である。ゲーム理論は，このような意思決定をする主体が2つ以上あり，それらが相互に影響を及ぼし合いながら，意思決定を行う際に，それがどのように行われるか，どのようにして行われるべきかを考察・分析する。

ゲームの理論におけるゲームとは，プレーヤー（参加者）たちが，互いの行動や反応を考慮した上での判断である戦略的意思決定を行うことである。戦略的意思決定を行うプレーヤーには利得が生じ，報酬や利益を得る。各プレーヤーの最適な戦略，すなわちゲームを行うためのルールや計画を決めることがゲーム理論の重要な目的である。ゲームのプレーヤーは合理的で，行動による影響を慎重に考えると想定して議論がなされる。つまり，ゲームの理論では，競争相手が合理的で，自らの最大利得を求めて行動する場合，競争相手の行動を考えに入れて自らの意思決定をどのように行うかを考察する。

2　非協力ゲームと協力ゲーム

企業が行う経済学的なゲームは，**非協力ゲーム**と**協力ゲーム**に分けられる。非協力ゲームでは，拘束力のある契約の締結や交渉ができない。それに対して，協力ゲームでは，プレーヤーが交渉の上，契約を結び，共同戦略を策定できる。非協力ゲームと協力ゲームの違いは，契約の可能性にある。非協力ゲームでは，契約の締結は不可能であるが，協力ゲームではそれが可能である。

ゲーム的状況としては，売り手と買い手の価格交渉，新しい技術開発への共同出資の企業間交渉やじゃんけんや政治的取引などが事例としてあげられる。2社の競合企業が互いの行動を想定してそれぞれの価格を決定することは非協力ゲームである。各企業は相手よりも価格を下げれば，マーケットシェアを拡大できると分かっているが，そうすることで価格競争になりかねないことも知っている。新しい技術開発への共同出資の企業間交渉は協力ゲームである。両社が拘束力のある契約を締結し，共同出資の成果を配分できれば，両社に利得のある協力的解決になる。

2 戦略形ゲーム

1 ゲームの利得表と支配戦略

　ゲームの理論では，**利得表**を用いてゲームを簡単に示すことができる。利得表を学び，理解することは，ゲームを研究するための一番の近道となる。プレーヤーが同時に意思決定を行うゲームが**戦略形ゲーム**である。

　たとえば，2人が単純なゲームをプレイしているとしよう。個人Aと個人Bがこのゲームのプレーヤーである。個人AはA1とA2という選択肢をとりうる。個人BはB1とB2という選択肢をとりうる。個人Aと個人Bがとりうる選択肢がゲーム理論における戦略である。

　表10-1は利得表であるが，この読み方を説明しよう。AがA1の戦略を採用し，BがB1の戦略を採用したときの利得が（5，5）となっている。カッコ内の数字の左側がAの利得，右側がBの利得を表している。同様に，AがA2の戦略を採用し，BがB1の戦略を採用したときの利得は（6，1）となる。また，AがA1の戦略を採用し，BがB2の戦略を採用したときは（1，6）となる。そして，AがA2の戦略を採用し，BがB2の戦略を採用したときは利得が（3，3）となる。

　表10-1のゲームでは，解が非常に単純である。個人Aは下の方をとるのが常に良いことになる。すなわち，BがB1の戦略をとったとき，AはA1だと利得が5，A2だと利得が6なので，A2（6＞5）が最適である。BがB2

表10-1　利得表

	B1	B2
A1	(5, 5)	(1, 6)
A2	(6, 1)	(3, 3)

の戦略をとったときも，AはA1だと利得が1，A2だと利得が3なので，A2（1＞3）が最適である。同様に，個人Bは右の方をとるのが常に良い。AがA1の戦略をとったとき，BはA1だと利得が5，A2だと利得が6なので，B2（6＞5）が最適である。AがA2の戦略をとったときも，BはB1だと利得が1，A2だと利得が3なので，B2（1＞3）が最適である。Aの均衡戦略は下，Bの均衡戦略は左であると予想できる。

相手の戦略にかかわらず，最適な戦略は**支配戦略**である。上記の例では，Aにとっては，Bがどのように戦略をとってもA2が支配戦略であり，BにとってはAがどのように戦略をとってもB2が支配戦略になる。

2　ナッシュ均衡

ナッシュ均衡とは，各プレーヤーが他のプレーヤーの戦略に対して最適な戦略を選択している状態である。選ばれた戦略が，お互いが予想していた戦略と一致している場合にその戦略の組がゲームの解といえ，こうした解の概念を提唱したジョン・ナッシュにちなんでこの解を**ナッシュ均衡解**と呼ぶ。

表10-1のナッシュ均衡解を求めてみよう。

AがA1を選択したとする。このとき，BがB1を選択すると利得は5，B2を選択すると利得は6になるので，利得の大きいB2の戦略を選択する。次にBがB2を選択するとAの戦略はどうなるだろうか。BがB2を選択したとき，AはA1を選択すると利得は1，A2を選択すると3となるので，利得が大きい3を選択する。AはA1から戦略を変更してしまう。したがって，AがA1のとき，BはB2であるが，BがB2のとき，AはA2に戦略を変更する。このため，A1のとき，ナッシュ均衡は存在しないということになる。

AがA2を選択した場合はどうだろうか。AがA2を選択したとき，BがB1を選択すると利得は1，B2を選択すると利得は3であるから，利得の大きいB2を選択する。次にBがB2を選択したときのAの戦略を考える。A1であると利得は1，A2であると利得は3となる。このため，利得の大きいA2を選択する。すなわち，A2のまま戦略を変更しない。

以上から，（A2，B2）という戦略の組合せが，A，Bともに相手の戦略を

とっている状態であり，（A2，B2）がナッシュ均衡解ということになる。

3 純粋戦略と混合戦略

これまでのゲームにおける戦略は，プレーヤーがある特定の選択肢を選ぶか，特定の行動をするものであった。このような戦略は，**純粋戦略**と呼ばれる。これとは別の考え方に，複数の選択肢の中から，それぞれの想定確率に基づいてプレーヤーが無作為に行動を選択する戦略を**混合戦略**と呼ぶ。プレーヤーの戦略を確率的にすることで，それぞれの選択に確率を付与し，確率的に戦略を選択するのである。

AとBが混合戦略にしたがい，それぞれの選択に50％の確率をとれば，利得表中の4つのペアが生じる確率はいずれも$\frac{1}{4}$である。よって，Aの平均利得は0，Bの平均利得は$\frac{1}{2}$である。混合戦略のナッシュ均衡はすべてのプレーヤーが，相手のプレーヤーが選ぶ戦略の確率を所与として，自己の戦略について最適な確率を選ぶときに生じる。

混合戦略まで拡張すれば，すべての戦略形ゲームにナッシュ均衡が必ず存在する。また，この概念そのものに妥当性があるために，それはゲームの行動を分析するのに極めて一般的に用いられる均衡の概念である。

 戦略形ゲームのナッシュ均衡解

1 囚人のジレンマ

戦略形ゲームで最も知られているのは，**囚人のジレンマ**というゲームである。このゲームは，2人の共犯者が捕まって，それぞれ別室で取り調べを受けている状況を考えたのである。2人は犯罪を自白するか，黙秘するかの選択をする。もし，1人だけが自白をすると，自白した方は自由になるが，もう1人の方は罪が重くなる。この2人の選択と利得をまとめたのが，**表10-2**の利得表である。すなわち，お互いに自白すれば相応の刑に服することになり，この状態

表10-2 囚人のジレンマ

	黙秘	自白
黙秘	(5, 5)	(7, -2)
自白	(-2, 7)	(0, 0)

の利得をゼロとする。これに対して、一方が自白して、他方は黙秘したとすると、自白した方は捜査に協力したとして、利得7が発生し、黙秘した方は悪質であるとして-2の利得となるとする。両方とも黙秘すれば、証拠不十分として自由の身になり、それぞれ利得が5になるとする。

この2人の共犯者は、自白と黙秘のどちらを選ぶだろうか。相手の選択を予想した上で、自分にとっての最適な決定をすることを最適反応という。相手が自白すると予想すれば、自分も自白する方がよい。また、相手が黙秘すると予想すれば、自分は自白すれば利得7を得るので、自白が最適反応になる。相手も同じことがいえる。このゲームの支配戦略は自白を選ぶことであり、ナッシュ均衡も自白を選ぶことである。

2人がともに黙秘を選ぶと、利得は(5, 5)である。しかし、ゲームの結果は(0, 0)であり、両プレーヤーとも悪い結果を選んだことになる。(黙秘, 黙秘)という戦略はパレート効率的である。その理由は、双方ともに改善する戦略が他にないからである。それに対して、(自白, 自白)という戦略はパレート非効率的である。両者が協力して意思決定できれば黙秘ができるが、それぞれ別室で意思決定をしなければならないことから自白を選ぶ。たとえ、事前に黙秘の約束をしていても自白してしまう。このような状況を囚人のジレンマという。

囚人のジレンマは、経済や政治現象の広い範囲に応用される。軍縮問題を例に「自白」を「新しいミサイル配備」とし、「黙秘」を「配備せず」と置き換えて考えてみる。利得は合理的であることに注意を要する。双方の最適戦略は「配備せず」と合意することであっても、もし相手がミサイルを配備するならば、自分も確実に配備したい。とはいっても、拘束力のある協定を結ぶ手段

がない以上，ミサイルを配備し，双方ともに悪くなるという結果に終わる。

　もう1つの例は，カルテルにおける裏切りの問題である。「自白」を「割り当て量以上を生産」とし，「黙秘」を「はじめの割当量を守る」と置き換えて考えてみる。もし，他の企業がはじめの割当量を守るならば，割り当て量以上を生産すると利益を得る。他の企業が過剰に生産するならば，こちらも同じようにするのが得策である。

　囚人ジレンマについては，1回限りのゲームを行うのか，不確定回数繰り返されるゲームを行うのかでとりうる戦略が異なる。ゲームが1回限りのものであれば，「裏切り」の戦略，最初の例の「自白」の戦略が合理的である。相手が何をするのかにかかわらず，こちらの利得が改善されるからであり，相手方の行動には大した影響を受けない。

2　マクシミン戦略

　ナッシュ均衡では，各プレーヤーは，他のプレーヤーの戦略を所与とみなして行動するという受け身的な行動をする。これに対して，プレーヤーが相互にプレーヤーが相互相手の行動を予測して自分の戦略を決定することが考えられる。各プレーヤーが「自分にとって最も都合の悪い戦略を他のプレーヤーが選ぶ」と予想する，すなわち，各プレーヤーは他のプレーヤーが選ぶ戦略について最も悲観的な予想をもち，最悪の状況を想定して行動する。このとき，最低限得られえる利得を最大化する**マクシミン戦略**を選択する。

　前節で説明した囚人のジレンマのナッシュ均衡は，マクシミン戦略であるのだろうか。囚人のジレンマにおいて，2人の共犯者は黙秘を選択することがパレート効率的であった。しかし，それぞれの支配戦略は自白を選択することであり，もう1人の行動とは関係なく，その場合の利得の方が大きくなる。また，支配戦略はマクシミン戦略にもなっており，2人の自白はナッシュ均衡であるとともにマクシミン戦略でもある。つまり，それぞれが自白することはきわめて合理的であるといえる。

4 繰り返しゲームと逐次ゲーム

1 繰り返しゲーム

(1) 繰り返しゲーム

これまでのゲームの想定は，プレーヤーが1回会って，ゲームを1回行うというものであった。同じプレーヤーによってゲームが繰り返し行われるとすれば，各々のプレーヤーに対して，新しい戦略の可能性が開けてくる。相手のプレーヤーが「裏切り」を選択してくれば，自分も「裏切り」を選択することで，相手の悪い行動を罰することができる。**繰り返しゲーム**において，各プレーヤーは信頼できる人間かどうかを示す機会を持っており，それによって，他のプレーヤーに対して，「裏切り」を行わないように圧力をかけることができる。

ゲームが確定回数行われる場合を考えてみよう。たとえば，双方のプレーヤーは，ゲームが10回行われることを知っているとする。最終ラウンドである第10ラウンドの結果はどうなるだろうか。各プレーヤーは「裏切り」を選択する。最終ゲームは，1回限りのゲームを行うことと同じであるために，結果も同じになる。第9ラウンド，第8ラウンドと議論をしてみても，個々のプレーヤーは毎回，裏切るのである。最終ラウンドに協調させる方法がなければ，最終回の前のラウンドにおいて協調させる方法はない。

ゲームが不特定回数繰り返される場合はどうだろうか。相手が協調することを拒めば，ことらも次は協調することを拒むことができるという形で，相手の行動に影響を与えることができる。双方ともに将来の利得に興味があるならば，将来において協調しないという脅迫は，パレート効率的戦略をとることを納得させる十分な方法である。

この方法は，ロバート・アクセルロッドの研究によって証明された。繰り返しゲームの戦略をゲーム理論の研究者から募集し，それらを互いに戦わせるトーナメントをコンピュータでシミュレートし，最強の戦略を調べた。

最高の利得をもたらす戦略は，「**しっぺ返し**」と呼ばれているものである。

「しっぺ返し」戦略は，第1ラウンドで協調して「否認」をとる。それ以降，相手が前のラウンドで協調したのであれば，そのラウンドはこちらも協調し，前のラウンドで相手が裏切ったならば，こちらも裏切るのである。前のラウンドでとった戦略を今のラウンドにおいてこちらもとるのである。

しっぺ返し戦略は，裏切りに対してすぐに罰を与えるので，とてもうまく機能する。それは，また許しの戦略でもある。その理由は，相手が裏切ったときに罰を与えるのは1回限りであるからである。もし裏切りをやめて協調しはじめるならば，不特定回数行われる囚人のジレンマゲームにおいて，効率的結果を達成する非常に優れたメカニズムである。

(2) カルテルの誘因

価格設定に関するゲームを行っている複占企業の行動で，企業がその価格を設定し，市場に販売数量を決定させるモデルが**ベルトラン競争**である。同質の生産物を販売しているときには，ベルトラン均衡は価格が限界費用と等しいという競争均衡である。もし相手の企業が価格を動かさないならば，価格を相手よりも下げることで利潤をあげることができる。このことが生じないケースは，すべての企業が最低の価格を設定している場合，つまり限界費用もゼロで価格もゼロである場合である。各企業がゼロの価格設定をしているとき，価格付けを戦略としたナッシュ均衡が生じている。

価格戦略における複占ゲームの利得表は，囚人のジレンマと同じ構造をもっている。各々の企業がより高い価格を設定しているならば，彼らは大きな利潤を得る。これは彼らが独占的な利益を得ようと協調している状態である。ある企業が高い価格を設定しているときに，他の企業が価格を下げて，相手の市場を獲得することで，利益を増加させることができる。もし双方の企業が価格を下げると，利潤は小さくなる。相手企業がどのような価格を設定しているにせよ，少しだけ自社製品の価格を下げると利益を得るのである。ナッシュ均衡は，双方の企業が最低価格を設定しているときに生じる。

しかし，ゲームが不特定回数行われ，**しっぺ返し**の行動がとられたとき，どのような結果が生じるだろうか。今日，相手企業が価格を下げたとする。翌日にはこちらが価格を下げる。双方ともに相手がしっぺ返しをすることを知って

いると，2社とも価格を下げて価格競争を始めることを恐れる。しっぺ返しの脅迫は，互いの企業に高い価格を維持させるのである。

　市場に企業数が少ないと，企業間で価格を決めたり，生産量を調整したりするカルテルを結ぶ。価格の場合は，価格カルテルと呼ばれる。カルテルを結ぶのは，競争するよりも協調することを選ぶためである。カルテルが結ばれると上記の分析のように，市場競争での価格と比べると価格が高くなり，消費者余剰の減少のような消費者にとっては不利な状態が生じる。現代はカルテルのような行為は，独占禁止法で禁止され，自由公正な競争を歪め，消費者の利益を阻害する不当な取引として制限されている。

2　逐次ゲーム

(1) 展開形ゲーム

　戦略形ゲームは，各プレーヤーが同時に行動すると仮定していた。多くの場合，あるプレーヤーが行動し，次に別のプレーヤーがそれに反応する。この例としては，1人が先導者であり，もう1人が追随者である**シュタッケルベルク・モデル**があげられる。戦略形ゲームに対して，**展開形ゲーム**は各プレーヤーの意思決定が時間的な順序で行われるゲームである。展開形ゲームは，樹木を逆さにしたような図で表現された**ゲームツリー**で考える。

(2) 参入障壁ゲーム

　市場参入に関する典型的な展開形ゲームである参入障壁ゲームを例として考えてみよう。独占企業である既存企業のいる地域に，新たな企業が参入しようとする場面を想定したゲームである。

　図10-1は参入障壁ゲームのゲームツリーである。この図においては，○は意思決定の時点を表す結節点という。また，意思決定の選択肢は枝で表され，「参入」と「参入せず」と書かれている。新規企業が「参入せず」であれば，元のままでありゲームも終了する。ゲーム終了の時点は●で表され，これを終点という。この場合，既存企業はその地域での独占を維持できるので，利得10を得る。その一方で，新規企業は「参入せず」なので利得はゼロになる。

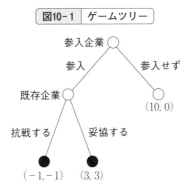

図10-1 ゲームツリー

　しかし，新規企業が参入してきたら，既存企業は対応を考えなければならない。その対応策は，「抗戦する」か「妥協する」かとする。「抗戦する」とは，費用を低下させ低価格な製品を販売するか，アフターサービスを充実させマーケットシェアを確保しようとすることである。この場合，赤字になるので，利得は（－1，－1）と表される。もう1つの選択肢は，「妥協する」であり，これは，マーケットシェアの奪い合いなどせずに共存共栄でいこうとする結果，利得が（3，3）となるとする。

　参入障壁ゲームはどのように解決されるだろうか。ゲームツリーは先読みで解くのがポイントである。既存企業は，第2段階の新規企業が参入してきたという想定でどうするかを考えなければならない。既存企業にとっての選択肢は抗戦するか妥協するかである。抗戦すれば，利得は－1であるが，妥協して共存共栄の選択をすると利得は3である。既存企業にとっては，どちらも地域での独占利益は失われるが，妥協することが賢い選択となる。新規企業にとっても，参入後の意思決定は予想できるものである。それをもとに，第1段階である参入するかどうかを決定することになる。参入後に，相手が妥協することを予測すれば，参入するを選べば新規企業の利得は3になる。参入しなければ，利得はゼロなので，結局，新規企業は参入を選択することになる。

　結果は，参入阻止ができないということになるが，このゲームには重要な問題が潜んでいる。既存企業にとって最も良い状態は独占状態であるから，新規企業が，市場に参入しようとしたら参入を思いとどまらせよう画策するはずである。そのため，参入してきたら，徹底的に抗戦するぞという姿勢を示すで

あろう。しかし，新規企業はそうした画策に屈せずに参入を決定する。既存企業が事前に行う市場に参入してきたら徹底的に戦うぞというキャンペーンは「信用できない脅し」でしかない。この問題は，**コミットメント問題**といわれ，ゲーム理論ではコミットメントとは，自分の選択肢をあえて減らすことを指す。つまり，参入したら妥協はしない，そのような選択肢はないようにするということである。

第11章

市場の失敗

キーワード

- **市場の失敗**
  市場メカニズムがうまく機能せず，効率的な資源配分が達成されないこと。市場の失敗を引き起こす要因には外部性，公共財，費用逓減産業，情報の非対称性などがある。

- **外部性**
  ある経済主体の活動が別の経済主体に対して補償のない費用（外部費用）や見返りのない便益（外部便益）を与えること。外部費用が生じる場合を負の外部性，外部便益が生じる場合を正の外部性という。

- **外部性の内部化**
  外部性によって引き起こされる非効率性の問題を解決するために，個人や企業の意思決定において外部費用や外部便益を考慮の対象とすること。

- **公共財**
  消費の非競合性，消費の非排除性の性質をもつ財・サービスのこと。市場で取引される多くの財・サービス（私的財）と異なり，市場メカニズムによっては効率的に供給されないため，政府による関与が必要となる。

- **フリーライダー（ただ乗り）問題**
  消費の非排除性の性質をもつ公共財は対価の支払いの有無にかかわらず誰でも利用できるため，対価を支払わない人が対価を支払う人の負担に「ただ乗り」することが可能になり，誰も正しい対価を支払おうとしないこと。

『コンテンポラリー経済学入門』の第7章では，外部性，公共財，費用逓減産業の3つのケースにおいて市場メカニズムによる効率的な資源配分が実現せず，そのため政府による市場介入が必要となることが示された。本章では，外部性および公共財のケースに焦点を当て，資源配分が非効率になる場合の具体的な解決策，そして政府が実行しうる政策とその限界について詳しく説明する。

1 市場の失敗とは

これまで学んだように，完全競争的な市場においては資源配分は効率的になされ，社会の余剰は最大化される（厚生経済学の第1基本定理）。しかしながら，現実には市場メカニズムがうまく機能せず，資源配分が効率的にならないことがある。これを「**市場の失敗**」という。私たちが暮らす経済社会の根底にある市場メカニズムは決して万能ではなく，その働きには限界があるのである。

市場の失敗にはさまざまな要因があり，たとえば外部性，公共財，費用逓減産業，情報の非対称性などが挙げられる。以下では外部性と公共財の問題に焦点を当て，これらのケースで資源配分が非効率になることを示すとともに，効率的な資源配分を達成するためにどのような解決策があるかを検討する。

2 外部性

1 外部性とは

個人や企業の行動が，別の個人や企業に対して意図せずに何らかの経済的な影響を与えることがある。これを**外部性**という。たとえば，鉄道会社が新しい路線を開通させると，沿線で地価が上昇し，その結果，近隣の地主は少なからず利益を受けるだろう。また，石油化学工場から排出される煙に有害な物質が含まれていたら，きれいな空気は汚染され，周辺住民にぜんそくなどの健康被

害が及ぶかもしれない。

　これら2つの外部性の事例は明確に区別される。鉄道会社が近隣の地主に与える影響は市場価格の変化を通じた間接的なものであり，これは**金銭的外部性**とよばれる。一方，石油化学工場が周辺住民に与える影響は市場を経過しない直接的なものであり，これは**技術的外部性**として資源配分を非効率なものにする。一般に外部性といえばこの技術的外部性のことを指し，「市場の失敗」を引き起こす要因の1つとなる。外部性を通じて相手にもたらされる利益は**外部便益**，損失は**外部費用**とよばれ，外部便益が生じる場合を**正の外部性**，外部費用が生じる場合を**負の外部性**という。

2　外部性は資源配分を非効率にする

　以下では負の外部性がある状況，すなわち外部費用が生じるケースにおいて，市場における資源配分がどのようになるか検討しよう。負の外部性の身近な例には，企業の生産活動が引き起こす環境汚染，いわゆる公害の問題がある。たとえばメーカーの操業する工場の排水や排煙が相当量の有害物質を含み，それが近隣の河川や大気を汚染するならば，周辺に住む人々は住環境の悪化や健康被害という形でいくらか損失を被ることになるだろう。周辺住民が負担することになるこの損失は外部費用であり，汚染を排出する企業によって補償されることのない費用である。企業がこの外部費用を考慮せずに，生産にかかる費用のみを自らが負担すべき費用と捉えて利潤の最大化を行うと，資源配分は非効率なものになってしまう。これが外部性の存在によって生じる「市場の失敗」である。これをグラフで示してみよう。

　図11-1は，ある財を生産する企業の限界費用とその財の需要曲線Dを示している。外部費用を発生させる企業がそれを自らの負担すべき費用とは考えていないときの限界費用は**私的限界費用**（private marginal costs）とよばれ，右上がりのPMC曲線として描かれている。一方，企業が外部費用を自らの負担すべき費用に含めているときの限界費用は**社会的限界費用**（social marginal costs）とよばれ，PMC曲線より上側に位置するSMC曲線として描かれている。両曲線の垂直距離は私的限界費用と社会的限界費用の差であり，これはすなわ

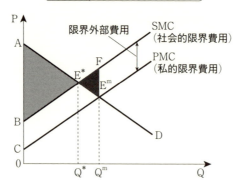

図11-1 負の外部性と資源配分

ち企業が生産量をもう1単位増やしたときに追加的に発生する外部費用（限界外部費用）の大きさを表している。

市場では企業が外部費用を考慮することなく私的限界費用に基づいて利潤を最大化する結果，均衡は供給曲線を表す私的限界費用曲線 PMC と需要曲線 D が交わる E^m になり，生産量は Q^m の水準となる。これに対して社会的に望ましい生産量は，社会的限界費用曲線 SMC と需要曲線 D が交わる E^* において実現する Q^* であり，このとき，企業は外部費用を負担しており，社会的余剰は AE^*B の面積で最大となる。一方，市場均衡における生産量 Q^m のときの社会的余剰は AE^mC の面積から BFE^mC の面積（発生する外部費用の総額）を引いた部分，すなわち $AE^*B - E^*FE^m$ の面積であるから，望ましい生産量 Q^* のときの社会的余剰に比べて E^*FE^m の面積の分だけ小さくなっている。このように，外部費用が生じるときの市場均衡では生産量が望ましい水準よりも過大になる結果，社会的余剰は小さくなり，効率的な資源配分は達成されないのである。

以上のような外部性の存在が引き起こす非効率性の問題を解決するためには，個人や企業の意思決定において外部性，すなわち外部費用や外部便益が考慮されることが必要である。これを**外部性の内部化**という。以下では外部性を内部化する方法として，当事者による直接交渉，そして政府による課税・補助金政

策について検討しよう。

3 当事者間の交渉とコースの定理

　企業の排出する汚染によって周辺住民が被害を受けるようなケースにおいて資源配分が非効率になってしまうのは，企業が外部費用を住民に負担させて過大な生産を行うからである。それならば，たとえば住民が企業に対して生産量を減らすように直接交渉して，外部費用の負担を小さくすることはできないだろうか。つまり，当事者間の交渉によって外部性の問題の解決を図るという方法である。

　図11-2は，汚染を排出する企業の生産活動によって生じる住民の限界被害MDと企業の限界利潤MPを示している。住民の限界被害とはすなわち住民が負担する限界外部費用であり，企業が生産量をもう1単位増やしたときに住民が追加的に支払う被害額である。ここでは企業の生産量に対して住民の限界被害は逓増するが企業の限界利潤は逓減するものとし，MD曲線は右上がり，MP曲線は右下がりで描かれている。

　市場における均衡では，企業が住民の限界被害を考慮せずに最大の利潤を追求する結果，生産量は限界利潤がゼロとなるQ_3の水準になり，企業はAQ_3O

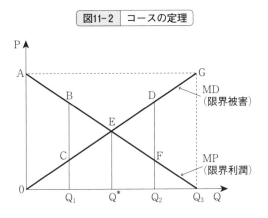

図11-2 コースの定理

の面積の利潤を手に入れ,一方,住民は $0GQ_3$ の面積の被害を受けることになる。このとき住民は自らの被害をより小さくするために,企業に対して生産量を Q_3 からたとえば Q_2 の水準にまで減らすように交渉することができるだろう。なぜなら,生産量が Q_2 に減少すると企業の利潤は FQ_3Q_2 の面積の分だけ小さくなるが,これに相当する額を住民が企業に対して支払うことにすれば,企業は AFQ_2O の面積と FQ_3Q_2 の面積(住民からの受け取り額)の和,すなわち当初の利潤に等しい額を受け取ることができ,一方,住民は企業への支払い分を差し引いても DGQ_3F の面積の分だけ被害を減らすことができるからである。

限界被害が限界利潤を上回る限り,このように企業の利潤を変えないまま住民の被害をより小さくすることができるので,こうした交渉は限界被害と限界利潤が一致するところまで続き,最終的に生産量は Q^* の水準まで減少することになる。このとき企業の利潤は $AEQ^*0 + EQ_3Q^*$(住民からの受け取り額)の面積,すなわち当初の利潤の AQ_30 の面積に等しく,住民の被害は $0EQ^* + EQ_3Q^*$(企業への支払い額)の面積となる。

以上の議論では,企業がいわば自由に生産活動を行う権利をもっていると想定されていた。そのため,企業は自らがもたらす外部費用を考慮せずに過大な生産を行うので,外部費用の負担を強いられる住民が被害を減らそうと企業に支払いをして生産量を減らすように交渉することになるのである。

では,上記の議論とは対照的に,住民がきれいな環境を享受する,つまり汚染されない空気や水を利用する権利をもっていたとしたら,話はどう変わるだろうか。この場合,企業の生産量はゼロになり,住民は何も被害を受けることはない。このとき企業は利潤が得られないが,住民とうまく交渉すれば生産量を増やし利潤を確保することができるだろう。たとえば,企業が住民に対して生産量を 0 から Q_1 の水準にまで増やせるように交渉したとしよう。生産量が Q_1 に増加すると住民の被害は $0CQ_1$ の面積になるが,これに相当する額を企業が住民に支払うことにすれば住民の被害は相殺され,そして企業は住民への支払い額を差し引いても $ABC0$ の面積の利潤を手にすることができる。

限界利潤が限界被害を上回る限り,このように住民の被害をゼロにしたまま企業の利潤をより大きくすることができるので,こうした交渉は限界利潤と限

界被害が一致するところまで続き，最終的に生産量は Q^* の水準まで増加することになる。このとき企業の利潤は $AEQ^*0 - OEQ^*$（住民への支払い額）の面積となり，一方，住民の被害は $OEQ^* - 0EQ^*$（企業からの受け取り額）の面積，すなわちゼロである。

　ここまでの議論から明らかなのは，企業が自由に生産活動を行う権利をもつ場合であっても，あるいは住民がきれいな環境を享受する権利をもつ場合であっても，両者が自発的に交渉を行うことで最終的に生産量は Q^* の水準になり，社会的余剰は AEO の面積で最大になるということである。なお，企業と住民の間の所得分配についてはどちらに権利があるかによって結果が異なる点に注意したい。上記のとおり，企業に権利がある場合は企業が大きな利潤を手に入れる一方で住民は大きな被害を受け，住民に権利がある場合は住民の被害はなく，企業の利益は小さくなる。

　以上のように，企業の権利あるいは住民の権利のどちらが法的に認められていようとも，当事者間で自発的に交渉が行われる結果，社会的余剰は最大化され，効率的な資源配分が達成されるのである。これを**コースの定理**という。コースの定理が示唆しているのは，当事者間の交渉が可能であるならば政府による市場介入がなくても外部性の問題を解決しうるということである。したがって，この定理が成り立つためには当事者間の交渉にかかるコスト（**取引費用**）が十分に小さいことが必要である。実際のところ，当事者がたくさんいるような場合には交渉がまとまるのに時間がかかるだろうし，法的な手続きをするために弁護士を雇うこともあるだろう。こうした取引費用があまりにも高いならば当事者間で交渉は行われず，外部性の問題は解決されない。このとき，政府による市場介入が必要となる。

4　課税と補助金

　企業の生産活動によって生じる環境汚染が公害として問題になるとき，政府はまず環境基準を設けて，企業による汚染物質の排出を直接規制することができるだろう。排出できる汚染物質の数量が法的に制限されれば，環境汚染は縮小し，外部性の問題もある程度解消すると期待される。しかしながら，定めら

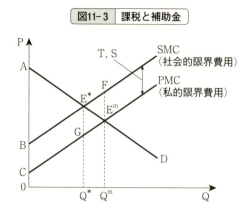

図11-3　課税と補助金

れた環境基準を満たすために新しい機器を設置したり，生産方法を改善したりするのにかかるコストは企業によって大きく異なるため，こうした一律に課される直接規制は効率的とはいえない。政府が行う規制としてより効率的なのは，企業のインセンティブを変えるような規制である。これは経済的規制とよばれ，企業への課税・補助金政策がその代表的なものである。

　すでに見たように，外部費用が生じるときに資源配分が非効率になってしまうのは，企業が外部費用を考慮せずに私的限界費用に基づいて行動する結果，生産量が過大な水準 Q^m になってしまうからである。したがって，政府が課税によって，外部費用に相当する額を企業に負担させるようにすれば，過大生産が解消できると考えられる。図11-3に示されるように，企業に生産1単位当たり，限界外部費用と同額の税 T を課すことにすれば，私的限界費用を社会的限界費用に一致させることができる。この税は**ピグー税**とよばれ，課税された企業は社会的限界費用に基づいて最適な水準 Q^* の生産を行うことになるだろう。その結果，社会的余剰は最大の AE^*B の面積になる。このとき BE^*GC の面積が住民の負担する外部費用であるが，それに等しい額が政府の税収となるので，この税収を使って政府が住民の損失を補てんすることも可能だろう。

　なお，企業の生産量を Q^* の水準まで減らして社会的余剰を最大にするためには，汚染を排出する企業に補助金を与えるという方法もある。たとえば，企

業が何十年も前に人里離れた山奥に工場を立地させ生産活動を行っていたところに，最近になって宅地開発に伴い工場周辺に人々が住みつくようになったという経緯があったとしたら，企業はその場所で自由に生産活動を続ける権利を主張して課税に反対するかもしれない。こうした場合，政府が企業に対して補助金を与えて生産量を減らしてもらうというやり方が考えられる。企業が生産量を過大な水準 Q^m から 1 単位減らすごとに政府が限界外部費用に等しい額の補助金 S を出すことにすれば，企業は生産量を 1 単位増やすたびに私的限界費用と補助金相当額の機会費用を追加的に負担することになるので，ピグー税が課された場合と同様に社会的限界費用に基づいて行動することになるだろう。この補助金は**ピグー補助金**とよばれ，ピグー税の場合と同じくに生産量は最適な水準 Q^* になり，社会的余剰も最大の AE^*B の面積になる。このとき住民は BE^*GC の面積の外部費用を負担し，政府は E^*FE^mG の面積の補助金の支払いをするが，このどちらも企業の利潤の一部として相殺されている。

　以上のように，ピグー税やピグー補助金を用いた政策は余剰の分配の結果に違いはあるものの，どちらも社会的余剰を最大化し，効率的な資源配分を達成する。その一方で，これらの政策には税や補助金の額を設定するのに必要な情報，つまり上記の例でいえば企業の生産活動によって住民が受ける被害額に関する情報を正確に知るのが難しいという課題もある。

3 公共財

1　公共財の定義

　食品や衣料，自動車といった財は，ある人がその財を消費すると，その分，他の人がその財を消費できる量は減ってしまう。また，これらの財を消費するためには，必ずその対価を支払わなくてはならない。こうした財は**私的財**とよばれ，私たちが普段消費する財のほとんどはこれにあたる。一方，複数の人が同時にあるいは共同で消費することができるため，ある人がその財を消費しても他の人がその財を消費できる量は減らないという性質（**消費の非競合性**）と，

対価の支払いをしない人の消費を排除することができないという性質（**消費の非排除性**）をもつ財もあり，これは**公共財**とよばれる。

たとえば，国防や外交，警察，公衆衛生などのサービス，美しい景色，きれいな空気といったものは，皆が同時に享受できるものであり，誰かが消費することで別の人の消費できる量が減るわけではない。また，これらは対価の支払いの有無にかかわらず誰でも等しく消費することができる。このように消費の非競合性，消費の非排除性という2つの性質を合わせもっている財・サービスを特に**純粋公共財**という。

これに対して，どちらか一方の性質のみを有するものは**準公共財**とよばれる。たとえば，ケーブルテレビの有料放送には消費の非競合性はあるものの，対価の支払いをしない人の消費を排除することができるため，消費の非排除性はない。また，無料で通行できる一般道路には消費の非排除性はあるが，通行量が増加し渋滞が発生している状況ではドライバーたちの道路の利用がお互いに競合しあっているため，消費の非競合性はない。

消費の非競合性・非排除性の有無は程度の問題であり，たとえば準公共財とされる無料の一般道路の場合も，莫大な費用をかけて無数の料金所を設けることができるなら消費の排除は可能になるだろうし，また車線を可能な限り増やすことで渋滞の発生を防ぐことができるならドライバーたちの道路の利用は競合しないだろう。経済学において公共財はこれら2つの性質に基づいて定義されるため，教育や医療，介護などは社会にとって不可欠で公共性の高いサービスではあるが，この点で公共財には分類されない。

2　公共財の最適供給

公共財はその性質上，市場メカニズムによっては効率的に供給されず，市場の失敗の一因となる。なぜなら，消費の非排除性の性質によって誰でも消費することができるため，対価を支払わない人が対価を支払う人の負担に「ただ乗り」してしまうという状況が起こりうるからである。こうした**フリーライダー（ただ乗り）問題**がある場合，消費者は自分が利用する公共財の対価を正しく支払おうとしないので，企業は公共財を供給しても採算をとることができない。

また,対価を支払わない人を排除できるような準公共財(たとえばケーブルテレビの有料放送)であっても,消費の非競合性の性質のために効率的な供給は実現しない。消費の非競合性があれば,財を追加的にもう1人の消費者に供給するための費用(限界費用)はゼロ,したがって効率的な価格はゼロとなるが,このとき企業がこの財に正の価格をつけるなら,供給量は効率的な水準よりも明らかに過少になるだろう。

以上のように,公共財は消費の非排除性,消費の非競合性という性質をもつために,市場では供給されないか,たとえ供給されたとしても過少になってしまう。そこで公共財の供給には政府が関与することになる。以下ではまず,公共財の効率的な供給とはどのようなものなのかを考えてみよう。

今,社会には個人Aと個人Bの2人の消費者がいるとする。**図11-4**には,ある公共財に対する両者の需要曲線がD_A,D_Bとして描かれている。需要曲線の縦軸の値はその財に対する個人の限界評価(財を1単位消費するために支払ってもよいと思う最高金額)を表しているので,D_A曲線とD_B曲線を垂直方向に足し合わせてできたD_S曲線は,同じ公共財を消費するときの個人Aと個人Bのそれぞれ異なる限界評価を合計したものであり,それはすなわち公共財に対する社会全体の限界評価を意味する。これに公共財の供給にかかる限界費用を表すMC曲線を重ねて描けば,右下がりのD_S曲線と右上がりのMC

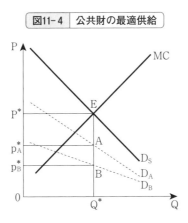

図11-4　公共財の最適供給

曲線が交わる点Eで公共財の最適な供給量 Q^* が決まる。もし供給量が Q^* より少なければ，もっと多く供給することで公共財が社会にもたらす純便益（社会全体が公共財から得る便益－公共財の供給にかかる費用）をより大きくすることができるし，逆に供給量が Q^* より多ければ，もっと少なく供給することで公共財が社会にもたらす純便益を増やすことができるので，結局，公共財に対する社会全体の限界評価と公共財の供給にかかる限界費用が一致する Q^* の水準が最適な供給量になるのである。このとき，公共財によって社会にもたらされる純便益は最大となる。

P^* は公共財に対する社会全体の限界評価であり，個人Aの限界評価 p_A^* と個人Bの限界評価 p_B^* を足し合わせたものであるから，公共財の供給量が Q^* の水準のとき以下の式が成り立っている。

$$p_A^* + p_B^* = MC^*$$

これは公共財の最適供給のための条件であり，**サミュエルソン条件**とよばれる。

3 リンダール・メカニズム

では，図11-4に示された公共財の最適な供給量 Q^* を政府はどのようなやり方で実現できるのだろうか。

政府は Q^* の水準の公共財を社会に供給するために，Q^* に対応する限界費用 MC^* に等しい P^* という価格で公共財の生産を完全競争的な企業に依頼するとしよう。依頼を受けた企業は利潤を最大にしようと，限界費用 MC^* が P^* と等しくなる水準，すなわち Q^* まで公共財を生産することになるだろう。こうして公共財の最適な供給量 Q^* が実現するが，このとき政府はこの企業に対して公共財の生産にかかる費用，すなわち P^*EQ^*0 の面積に相当する金額を支払わなくてはならない。この支払いは，供給された公共財から便益を受ける人たちに対して以下のように課税することで賄うことができる。

Q^* の公共財に対する個人Aの限界評価は p_A^*，個人Bの限界評価は p_B^* であるから，公共財1単位当たり個人Aに p_A^*，個人Bに p_B^* の税率を課すことにすれば，個人Aは $p_A^*AQ^*0$ の面積，個人Bは $p_B^*BQ^*0$ の面積の税額を納

めることになり，これらを合わせればP^*EQ^*0の面積になり，これは政府による企業への支払い額に一致するのである。

　この方法はつまり，公共財に対する個人の限界評価，すなわち公共財の利用から受ける個人の便益の大きさに比例して税率を変えることによって公共財の供給に伴う政府支出を賄おうとするものである。このように，いわゆる受益者負担の原則に基づいて公共財の供給にかかる費用の負担割合を決め，最適な供給量Q^*を実現するやり方は**リンダール・メカニズム**とよばれ，これにより達成される均衡を**リンダール均衡**という。

　リンダール均衡では効率的な状態が実現するが，現実にリンダール・メカニズムによって公共財の最適供給を行うのは困難である。なぜなら，費用の負担割合を決めるためには公共財に対する個人の限界評価を知る必要があるからである。個人の限界評価は私的情報であり，政府がこれを正確に知るのは難しいだろう。たとえ個人から限界評価を聞き出すことができたとしても，負担割合が限界評価の大きさに比例するのであれば，多くの人が真の限界評価よりも低い額を申告して自分の負担割合を少なくし，他の人の負担に「ただ乗り」しようとする可能性が高い。この問題を解決するには，公共財に対する限界評価を正直に申告するインセンティブを個人に与えるような新しい仕組みの開発が必要となるだろう。

第12章

情報と不確実性

キーワード

- **情報の非対称性**
現実の市場においては，特定の主体が他の主体よりもよく知っているというように情報量に違いがあることは決して珍しいことではない。売り手が買い手よりも製品の品質に関する詳しい情報を持っている場合や売り手よりも買い手の方が情報を持っている場合，どのような市場の失敗を招くのかを情報の非対称性の概念を用いて考察する。

- **逆選択（アドバースセレクション）**
「悪貨が良貨を駆逐する」というグレシャムの法則が成り立つ現象を逆選択という。アカロフは中古車市場のケースから逆選択を証明したが，アメリカでは質の悪い中古車を「レモン」と呼ぶことから逆選択は「レモンの原理」とも呼ばれる。

- **シグナリング**
個人や企業は，コストをかけて直接的，間接的に情報を提示し，自分のタイプを知らせようとする。この提示された情報はシグナルと呼ばれる。経済主体が市場においてシグナルを発することはシグナリングと呼ばれる。

- **モラル・ハザード**
経済的・社会的取引において，一方の当事者の行動が他方に観察されない場合，その当事者は，近視眼的な自己利益を追求する傾向があり，その結果，経済的な非効率が発生する現象である。モラル・ハザードは，市場の一方の当事者が他方の行動を観察できないことから，隠された行動の問題とも呼ばれる。

- **リスクと不確実性**
リスクとは危機の発生状況が過去のデータ等から確率分布として事前にわかっており予測可能であり，株価の下落等はある程度回避可能である。これに対して，これに対して不確実性とは全く想定外の事象であり，震災や世界的恐慌の発生

等である。

・期待効用

効用に確率をかけたものであり，2つの値，x1，x2がそれぞれ p，1-p の確率で発生するなら，期待効用 EU は $p \cdot U(x1)+(1-p) \cdot U(x2)$ となる。

・危険回避者

リスクを極力避けようとする経済主体を危険回避者 (risk averter) と呼ぶ。危険回避的な経済主体の場合では，利得の期待値が同じ水準であっても，リスクを伴うときの効用が確実なときの効用を下回って，確実に安全な方の投資を望む。

1 情報の非対称性

　コンテンポラリー経済学入門と第10章まででは，買い手である消費者と売り手である生産者は，市場において，製品に関する情報を完全に持っていると仮定してきた。この仮定が正当化される場合においては，高品質の財と低品質の財が容易に識別でき，財の価格はその品質を反映して，直ちに調整される。

　現実の市場においては，特定の主体が他の主体よりもよく知っているというように情報量に違いがあることは決して珍しいことではない。売り手は買い手よりも製品の品質に関する詳しい情報を持っているし，労働者は雇用主よりも自分自身の技術や能力を自覚しているし，企業の経営者は株主よりも生産費用や競争上のポジション，投資機会を把握している。

　本章で，最初に取り上げるのは，**情報の非対称性**と呼ばれる問題が，市場にどのような影響を与えるかを分析する。まず，売り手が買い手よりも詳しい情報をもっているが，そのような情報の非対称性がどのような市場の失敗を招くのかを考察する。次に，売り手が情報の非対称性を回避する手段として製品の品質についてシグナルを送る方法を示す。そして，売り手よりも買い手の方が情報を持っている場合，どのような市場の失敗を招くのかを考察し，それを克服する方法を示す。

2 逆選択

1 「レモン」の原理

　ジョージ・アカロフは，情報の非対称性が市場に与えるインパクトを最初に理論的に分析した。彼は，中古車市場を分析し，彼の主張である「供給者のタイプ情報が買い手に知られていない時，市場は失敗する可能性がある」こと，すなわち「**レモンの問題**」を証明した。

　自分の使っている車を売りたい人が10,000人，中古車を買いたい人が10,000人いる市場を例に考えてみよう。それらの中古車の5,000台が「プラム（質の良い車）」で，残り5,000台が「レモン（質の悪い車）」であることを皆が知っている。中古車の現在の所有者，すなわち売り手は自分の車の質を知っているが，買い手は特定の車がプラムかレモンかは知らない。

　この中古車市場の失敗の原因は何なのだろうか。質の良い車と質の悪い車の売り手との間に外部性が存在することが問題である。質の悪い車を売ろうとする人がいると，その人は市場に出回る平均的な車の質に関する買い手の予想に影響を与えることになる。このことが，買い手が平均的な車に支払ってもよいと考える価格を引き下げ，良い車を売ろうとしている人たちに損害を与える。

　これをグラフで説明してみよう（**図12-1**）。高品質と低品質の中古車があり，売り手と買い手がそれぞれを見分けられるとする。このことから，**図12-1**では高品質車と低品質車の2つの市場が成立し，高品質車は，供給曲線（S_H）と需要曲線（D_H）が描け，同様に低品質車は，供給曲線（S_L）と需要曲線（D_L）が描ける。高品質車の所有者は低品質車の所有者に比べて，車の売却に抵抗があり，高価格で販売しようとするので，いずれの価格でも S_H が S_L よりも左になる。その一方で，高品質車の買い手は，低品質車よりも高い価格を支払ってもよいと考えるので，いずれの価格でも D_H が D_L よりも上になる。このケースでの市場価格は高品質車が100万円，低品質車が50万円で，販売台数はそれぞれ10,000台である。

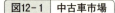

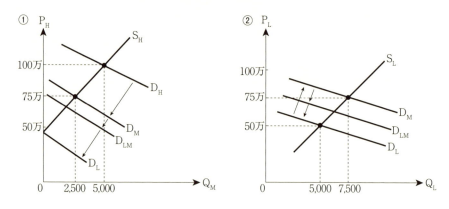

　ここで,売り手が車の品質を知っているが,買い手がその品質を知らない場合を考えてみよう。売り手と買い手の両方が車の品質を判断できるとき,購入する車が高品質である確率と低品質である確率は同じであるという意味で,すべての車を「中品質」と評価する。中品質とみなされる車の需要 D_M は,D_H よりも下だが,D_L よりも上である。**図12-1**から販売価格は75万円になる。そうなると販売台数は,高品質車が2,500台に減少し,低品質車が7,500台に増加する。
　その結果,買い手が市場の約 $\frac{3}{4}$ の中古車が低品質であることに気付き始めると,その車の需要曲線が D_{LM} にシフトし,平均的には中品質よりも低いと判断される。ところが,中古車全体はさらに低品質であるという判断につながって,需要曲線は一段と左にシフトし,低品質であるという認識がますます強まる。この需要曲線のシフトは,低品質車しか売れなくなる段階まで続く。そうなると,市場価格が低すぎて,高品質の中古車が販売されなくなるので,買い手はすべての車が低品質であると正しく判断するようになる。最終的に中古車の需要曲線は D_L に収束する。

2　逆選択

　上述の中古車市場のケースでは,買い手よりも売り手の方が情報を知ってい

る情報の非対称性の存在により，良い中古車が市場から排除され，悪い中古車が氾濫する現象が起こっていた。「悪貨が良貨を駆逐する」というグレシャムの法則が成り立つこのような現象を**逆選択（アドバースセレクション）**という。アカロフは中古車市場のケースから逆選択を証明したが，アメリカでは質の悪い中古車を「レモン」と呼ぶことから逆選択は「レモンの原理」とも呼ばれる。

　本来，市場はよいものがよいものとして評価されるメカニズムを持つ。本来の市場の選択が順選択である。逆選択はもともと保険業界の用語であり，逆選択の問題を保険市場においても考えることができる。保険市場のケースでは，売り手よりも買い手の方が情報を知っているタイプの情報の非対称性が存在する。すなわち，被保険者の持つリスクのタイプを保険会社が容易に観察できない。リスキーな被保険者と安全な保険者の区別がつかないので，平均的な保険者を想定した保険契約が結ばれる。その結果，安全な被保険者は非利益を被り，保険には加入せず，リスキーな被保険者ばかりが保険に加入することになる。そのために，保険会社が立ちいかなくなってしまう。

　逆選択の発生は，経済活動や日常生活に支障が出ることにつながりかねない。そこで，情報の非対称性に起因する逆選択を回避しようとする工夫がとられている。例えば，自動車保険は割引制度があるし，医療保険では事前の健康診断が行われる。企業は商品の品質保証をする。ブランド商品は品質保証を行うための工夫であると説明できるし，チェーンストアはどこの支店に行っても同じ品質の商品を売ることで買い手に品質を保証している。免許制度もそうであり，医師免許の制度は医療サービスの質を保証している。

3　シグナリング

　個人や企業は，コストをかけて直接的，間接的に情報を提示し，自分のタイプを知らせようとする。この提示された情報はシグナルと呼ばれる。経済主体が市場においてシグナルを発することは**シグナリング**と呼ばれる。検定試験を受検し，合格することで得られる合格証書は，それを持っていることで自分のタイプを知らせることができる。企業が発行する品質保証書もシグナリング機能を持つ。保証期間を長くすると，返品リスクが大きくなるが，自社製品に自

信があれば，保証期間を長くすることでその製品の品質が良いことを間接的に発しているわけである。

シグナリングでは，学歴シグナリング理論が有名である。2001年ノーベル経済学賞を受賞したマイケル・スペンスが提唱した理論で，個人の能力に関する情報の非対称性のもとで，各人はコストをかけて学歴というシグナルを獲得することで自分の能力を顕示していくというものである。

3 モラル・ハザード

逆選択は，市場の一方の側が他方の持っている財のタイプあるいは品質を知らない状況を指すことから，隠された情報の問題と呼ばれることもある。**モラル・ハザード**は，市場の一方の当事者が他方の行動を観察できないことから，隠された行動の問題とも呼ばれる。

モラル・ハザードは，経済的・社会的取引において，一方の当事者の行動が他方に観察されない場合，その当事者は近視眼的な自己利益を追求する傾向があり，その結果，経済的な非効率が発生する現象である。モラル・ハザードも逆選択と同様に，保険業界の用語であり，保険契約を結ぶことで，リスク予防努力が契約以前に比べて低下することをいう。たとえば，自動車保険の場合，人々が保険に入ると，事故の損害賠償責任から解放されることで不注意な運転をするようになり，結果としてますます事故を起こす。すなわち，保険が安全運転の道徳を低下させる現象であると説明される。

モラル・ハザードが道徳の問題ではなく，経済的な合理性の問題で捉えられることを医療保険のケースを用いて説明してみよう（**図12-2**）。ある個人が病気になる確率を α とする。**図12-2** の需要曲線 DD_1 は，この個人の医療の需要を表している。個人は健康なときは医療を需要しないが，病気のときに医療を需要し，その需要量は医療の価格に依存する。医療保険が限界費用を一定として供給されると仮定し，供給曲線 SS_1 を描くことができるとする。

この個人に医療費が無料になる保険が提供され，保険に加入したとする。医療費がゼロであるから，個人は病気になったときの医療の需要は Q_2 までとなる。このとき，保険の提供者は利益が負にならならないように $\alpha P_1 Q_2$ の保険

図12-2 医療保険のモラル・ハザード

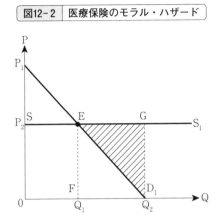

料を課す。保険料が$\alpha P_1 Q_2$のとき，保険提供者の利益はゼロになるので，この保険は公正となる。

このとき，個人は医療の需要をQ_2に増やしており，支払う保険料は$\alpha P_1 Q_1$から$\alpha P_1 Q_2$に増加している。消費者余剰の変化から説明してみよう。

医療保険に加入する前の効用は**図12-2**の台形$0 P_1 EF$の面積で表され，支払う医療費は長方形$0 P_2 EF$で表される。したがって，得られる効用と支払う医療費の差である消費者余剰は，三角形の面積$P_1 EP_2$の面積で表される。

医療保険に加入後は，個人は医療の需要をQ_2まで増やす。このときの効用は三角形$0 P_1 Q_2$の面積で表される。支払う医療費は長方形$0 P_2 GQ_2$で表される。消費者余剰は，三角形$0 P_1 Q_2$から長方形$0 P_2 GQ_2$を除いた面積，すなわち三角形の面積$P_1 EP_2$から三角形EGQ_2を引いたものとして示される。

医療保険への加入によって，三角形EGQ_2だけ余剰が減少し，モラル・ハザードによる厚生の損失が発生したと考えられる。医療の需要量Q_1からQ_2への変化は個人の道徳心の変化ではなく，医療保険によって医療の価格がP_1からゼロになった結果である。以上のように，モラル・ハザードは個人の道徳の問題ではなく，合理的な経済行動の結果によるものであると考えられるのである。

4 リスクと不確実性

　第10章までは，**完全情報**であり，**不確実性**のない経済取引を前提としてきた。しかし，現実の経済は本章で説明した**逆選択**や**モラル・ハザード**のような現象で示されるように情報の非対称性が存在する。

　そして情報の非対称性が存在する場合にも，結果が確実に起こることが想定されていたのである。しかし，ある選択を行ったときに起こりうる結果が確実に予想できないことは現実世界にはよく見られる。だからこそ，さまざまな保険市場が存在しているとも言える。このような結果が完全に予見できないときにも市場の失敗は生じうる。このような状況を分析する際に，ミクロ経済学では期待効用という概念を用いて分析を行う。

　また，不確実性とリスクは現実には異なる概念である。リスクとは危機の発生状況が過去のデータ等から確率分布として事前にわかっているものであり，リスクは英語では risk であり危険と訳され，たとえば，株価の変動は概ね過去のデータから予測可能であり，株価の下落等はある程度回避可能である。

　これに対して不確実性とは全く想定外の事象であり，震災や世界的恐慌の発生等である。つまり，厳密にはリスクと不確実性は異なる概念ではある。しかし，株価の変動であっても，どこまでが過去のデータから想定可能であるか否かの境界は厳密ではない。よってミクロ経済学においてはリスクとして経済主体が事前に考慮可能な経済行動を分析する際にも，不確実性の経済学として取り扱う。以下は不確実性下の経済行動として，期待値とリスク・プレミアムといった概念を用いて経済主体の意思決定を取り扱う。

5 期待効用

1　期待値

　まずは**期待値**（expected value）という概念を確認していく。ここではサイ

表12-1 期待値

サイコロの目	1	2	3	4	5	6	計
確率（A）	1/6	1/6	1/6	1/6	1/6	1/6	1
賞金(万円)（B）	1	2	3	4	5	6	
各目の期待値(A×B)	1/6	2/6	3/6	4/6	5/6	6/6	21/6=3.5

コロをケースに期待値とは何かを見ていく。当然のごとく，サイコロの目は当然1から6まであり，それぞれの目のでる確率が$\frac{1}{6}$である。そこで以下のようなゲームを考えてみたい。サイコロを振り，1が出たら1万円，2が出たら2万円というように出た目の数だけ賞金がもらえることとする。このような場合には，サイコロの目と賞金との関係は**表12-1**のようにまとめられる。

期待値とはこの表の3行目にあるように利得とその確率をかけたものである。たとえば，確率$\frac{1}{6}$で1が出たときには1万円の利得を得られるため$1 \times \frac{1}{6} = \frac{1}{6}$となり，確率$\frac{1}{6}$で2が出たときには2万円の利得を得られるため$2 \times \frac{1}{6} = \frac{2}{6}$となり，確率$\frac{1}{6}$で3が出たときには3万円の利得を得られるため$3 \times \frac{1}{6} = \frac{3}{6}$となり，4から6までも同様である。サイコロを1度ふるということは1の機会が与えられたということになるために，平均的には各目の利得の総和がこのゲームの期待利得になる。こうしてこのゲームの期待値は，

$$\frac{1}{6} + \frac{2}{6} + \frac{3}{6} + \frac{4}{6} + \frac{5}{6} + \frac{6}{6} = \frac{21}{6} = 3万5,000円となる。$$

ところで，このゲームに参加するのに参加料が必要だとする。その場合，参加料がいったいいくらであれば，このゲームに参加したいと思うのであろうか。仮にタダであれば，誰でもこのゲームに参加しようと思うだろう。しかし，参加料がタダであれば誰もゲームの主催者にはならない。そこで参加料をいくらに設定するかという意思決定問題が発生する。

期待値が基準となると考えれば，平均して3万5,000円利得が得られるため，参加料が35,000円以下であれば，参加したほうが得であるということにはなる。これは一見，説得力があるように思えるものの，現実の数多くのギャンブルや宝くじを人々が買う行為を説明するには実は説得力がない。実際，多くの公営ギャンブルでは，ギャンブルの実施主体が運営費等を参加料から調達するために期待利得でみるとギャンブルに参加すると確実に損することを意味する。これは宝くじでも公営ギャンブルでも同様である。にもかかわらず，ギャンブルに参加する人々が多いのは，客観的な期待値と人々の主観的な満足の指標である「効用」とが一致しないことが背景にあるからである。

さらに，利得と効用が一致しない例として**セント・ペテルスブルク**の逆説が挙げられる。そこでは，硬貨を投げて連続して表が出た回数nに応じて，2^n（万円）の賞金を出すというゲームであり，このゲームの期待利得は以下のように無限大となる。

$$\text{期待利得} = \frac{1}{2} \cdot 2 + \frac{1}{4} \cdot 4 + \frac{1}{8} \cdot 8 + \cdots$$
$$= 1 + 1 + 1 + 1 + \cdots$$
$$= \infty \tag{1}$$

よって，このゲームの参加料が無限大であったとしても，期待利得仮説のもとでは参加する方がよいという結論になる。しかし，50万円の参加料を支払ったとすると，これを取り戻すには，少なくとも6回連続して表がでなければならない。その確率は$\frac{1}{64}$であり，極めて低い。

2．期待効用

セント・ペテルスブルクの逆説のように人々が必ずしも期待値に基づいて行動するとは限らないことがわかったが，ここで人々の主観的満足の指標である**期待効用**を考えてみたい。期待効用とは先ほどの期待利得と同様に，効用に確率をかけたものである。たとえば，2つの値，x_1, x_2がそれぞれp, $1-p$の確率で発生するなら，期待利得は$p \cdot x_1 + (1-p)x_2$となるが，このゲームか

ら生じる期待効用 (expected utility, EU) は,

$$EU = p \cdot U(x_1) + (1-p)U(x_2) \tag{1}$$

となるのである。期待効用を最大化するように人々は行動するという考え方を**期待効用仮説**と呼ぶ。この期待効用仮説では,経済主体によって不確実性に対する選好が異なると考える。つまり,積極的にリスクをとる経済主体もいれば,リスクを極端に毛嫌いする経済主体もいるということである。実際にギャンブルや宝くじを好む人もいれば避けようとする人もいる。

3. 危険回避者

　最初にある経済主体が Y_0 だけの所得を持っていたとする。ここで,一定確率 p で賞金をもらえて,確率 1 − p で負けて損失が発生するゲームに参加するか否かの意思決定を考えていく。その際に,勝ったときの利得を Y_2,負けたときの利得を Y_1 とする。

　リスクを極力避けようとする経済主体を**危険回避者**(risk averter)と呼ぶ。危険回避者の経済行動を示したのが**図12-3**である。

　危険回避者の効用関数は**図12-3**のように逓減的になる。**図12-3**のA点は

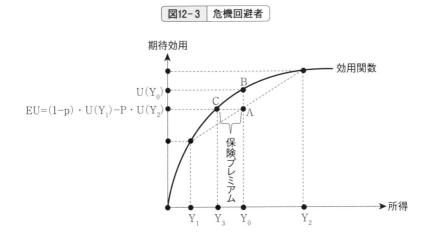

図12-3　危機回避者

ゲームに参加したときの期待効用を示している。A 点は勝てば Y_2、負けたら Y_1 に相当する所得しか得られない時に対応する効用水準であるため、Y_1 に相当する効用と Y_2 に対応する効用に確率をかけた平均となり、

$$EU = (1-p) \cdot U(Y_1) + p \cdot U(Y_2) \tag{2}$$

であり、さらに

$$\begin{aligned}EU &= (1-p) \cdot U(Y_1) + p \cdot U(Y_2) < U(Y_0) \\ &= U[(1-p)Y_1 + pY_2]\end{aligned} \tag{3}$$

となる。ここで、$(1-p) \cdot U(Y_1) + p \cdot U(Y_2)$ と $U[(1-p)Y_1 + pY_2]$ の違いに注意である。

負けた場合の Y_1 と買った場合の Y_2 のそれぞれに対応する効用水準の加重平均と、所得の加重平均の対応した効用水準は異なる。前者が A 点であり、後者は B 点である。

そして、もしゲームに参加しなければ、確実に Y_0 の所得が保証されるために、B 点に相当する $U(Y_0)$ の効用を得ることができる。よって、B 点はゲームに参加しなかったときの効用水準を示している。図から明らかなように B 点の効用水準は A 点よりも高い。

危険回避的な経済主体の場合では、利得の期待値が同じ水準であっても、リスクを伴うときの効用が確実なときの効用を下回って、確実に安全な方の投資を望む。このケースでは、A 点よりも B 点のほうが高い期待効用を得られることがそれを示している。**危険回避者**とは、より安定した所得を好む主体ということができるため、同じ額の期待値であれば、ギャンブル性のあるケースよりも安定的なケースを選択する。よって危険回避者は安定的な所得を得るために期待利得よりも低い所得でもよいと思っているのであり、このときに割り引いてもよい最大額を**保険プレミアム**（insurance premium）と呼ぶ。

C 点は A 点と同じ効用水準であるが、A 点よりも C 点のようが所得は低くなっている。これは確実に C 点に相当する所得を得られる方が、増えるか減るかわからないというリスクのある A 点に相当する所得を得ることが、効用水準で見ると同じ価値となっていることを示している。言い換えれば、少々所

得が減っても堅実な方が望ましいと考えているといえる。

4．危険愛好者

　危機回避者とは反対に，リスキーなギャンブルを好む人を**危険愛好者**（risk lover）と呼ぶ。危険回避者と同様に，確率 p で賞金をもらえて，確率 1 − p で負けて損失が発生するゲームに参加するか否かの意思決定をケースに危険愛好者の選好を考えていく。

　危険愛好者は，所得の期待値が同じであれば，Y_0 で一定の場合よりも，Y_1 に下がる危険もありながら Y_2 と高額の可能性があるというよりリスキーな方を好む。このような危険愛好者の効用関数を図示すると**図12-4**のようになる。

$$U[(1-p) \cdot Y_1 + p \cdot Y_2] = U(Y_0) < (1-p) \cdot U(Y_1) + p \cdot U(Y_2) \quad (4)$$

が成立する。

　危険愛好者は同じ期待利得ならば，ハイリスク・ハイリターンな投資を好むために安全な投資機会の利得がある程度増加した時，その安全な投資機会がリスキーなギャンブルと無差別であると判断するといえる。(4)式に適当な正の値 δ を足すことによって等式に変形すると，

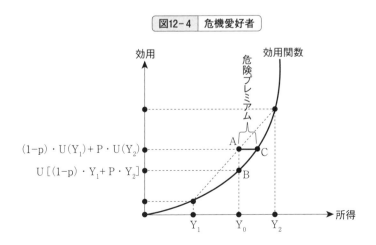

図12-4　危機愛好者

$$U[(1-p) \cdot Y_1 + p \cdot Y_2 + \delta] = (1-p) \cdot U(Y_1) + p \cdot U(Y_2) \tag{5}$$

が成立する。つまり，危険愛好者は期待利得が低くても，安全な投資機会に比べてリスキーな方を好む。確実に Y_0 の所得が得られるときの効用はB点に相当するが，リスクを伴うA点の方が高い効用となる。このときに不確実な所得を受け入れて，リスクを取ることに対する割り増し金の最大額が δ である。こののことを**危険プレミアム**（risk premium）と呼ぶ。

5．危険中立者

危険中立者（risk neutral）とはリスキーな方と確実安全な投資機会がどちらも無差別な主体のことをいう。つまり，危険中立者は期待利得のみを目的とし，効用関数は直線となる。効用関数が直線であることから，リスク・プレミアムは存在せずに，このときには期待利得と期待効用は一致する。

第13章

企業の経済学

キーワード

- 市場支配力
  企業が財・サービスの価格を限界費用よりも高い水準に設定できる能力のこと。
- n社集中度
  市場における各企業のシェア（％）を上位n社について合計したもの。4社集中度など。
- ハーフィンダール・ハーシュマン指数（HHI）
  市場における各企業のシェア（％）をそれぞれ二乗して，すべて合計したもの。独占市場において最大値10000をとり，市場が完全競争的になるにつれて0に近づいていく。
- M＆A
  合併（Mergers）と買収（Acquisitions）のこと。複数の企業が法的に1社に統合されることを合併，一方の企業が他方の企業の株式の過半数を取得して支配下に置くことを買収という。
- 二重限界化（double marginalization）
  企業間の垂直的取引において，たとえば卸売りの段階と小売りの段階の両方で市場支配力が生じた場合，二重にマージン（利ざや）が発生し，社会の余剰が大幅に失われてしまうこと。

1 市場支配力と市場集中度

1 市場支配力とは

完全競争的な市場の場合，企業は限界費用が価格と等しくなるように生産量を決定する。しかしながら現実には，限界費用が価格と一致せず，均衡において価格が限界費用を上回ることがある。

たとえば独占市場においては，企業が限界費用と限界収入が等しくなるように生産水準を選択する結果，価格は限界費用を上回り，独占利潤が発生する（第8章参照）。また，寡占市場においても少数の企業が生産量をめぐってクールノー競争を行うと，価格は限界費用を超える水準になる（第9章参照）。独占的競争市場の場合であっても，新規企業の参入がない短期の状況では価格が限界費用を上回る。

このように企業が価格を限界費用よりも高い水準に設定できる状況にあるとき，**市場支配力**があるという。企業が市場支配力をもつケースは上記のようにさまざまあるが，いずれの場合も市場において競争が制限されるため，社会の余剰は減少することになる。したがって，競争政策を推進し，社会により多くの余剰をもたらすためには，企業の市場支配力に常に注意しなくてはならない。

では，企業に市場支配力があるかどうか，すなわち市場が競争的であるかどうかはどのように判断すればよいのだろうか。以下ではまず，市場の競争状態を測るためのいくつかの指標について説明した後，企業のもつ市場支配力が競争政策上問題となるケースとして，合併・買収の問題（第2節）と二重限界化の問題（第3節）について検討する。

2 市場集中度

市場支配力は価格と限界費用が乖離することで発生するのであるから，理論的には市場支配力の大きさは価格と限界費用の差を測ることで概ね分かる。し

かし現実には，各企業の限界費用についての情報を正確に知るのは困難であるため，市場支配力の大きさは通常，市場において企業のシェアがどの程度集中しているかを表す**市場集中度**の指標によって測ることになる。市場集中度は簡単に計算でき，これが高ければ企業の市場支配力が大きく，市場において競争が制限されていると判断する。

もっともシンプルな市場集中度の指標は，市場における企業の数である。言うまでもなく市場に企業が1社しか存在しないならば，市場のシェアはその1社に集中するので，市場集中度は最大で，企業同士の競争は存在しない。その一方で，企業の数が多くなればなるほど市場のシェアは各社に分散されるので，企業間の競争は激しくなると考えられる。しかしながら市場における企業数は，市場の競争状態を表す指標としては不十分である。なぜなら，市場における各企業のシェアの分布状況が企業数からは読み取れないからである。

たとえば，**表13-1**のように市場Aには5社の企業が存在し，各社のシェアは上位から30％，25％，20％，15％，10％であるが，市場Bには10社の企業が存在し，トップのシェアは80％，2位は12％，残りの8社はそれぞれ1％であったとしよう。この場合，市場Bには市場Aの2倍の10社の企業が存在しているが，これをもって市場Bのほうがより競争的な市場であると結論づけることはできない。なぜなら，市場Bでは圧倒的なシェアを握るトップ企業がおそらく市場の価格をコントロールする力をもっていて，競争がかなりの程度制限されていると考えられるからである。一方，市場Aは企業数こそ5社

表13-1　市場集中度の具体例

	市場A	市場B
企業数	5社	10社
各社のシェア	上位から30％，25％，20％，15％，10％	トップは80％，2位は12％，残り8社は1％ずつ
4社集中度（5社集中度）	90％（100％）	94％（95％）
ハーフィンダール・ハーシュマン指数（HHI）	2250	6552

と少ないものの，相対的にシェアが企業間で分散しており，こちらのほうがより競争的な市場だと思われる。このように，単に企業数を数えるだけでは市場の競争状態を正しく判断することはできないのである。

そこで企業数に代わってよく用いられるのが**n社集中度**とよばれる指標である。これは市場における各社のシェア（％）を上位 n 社について合計したものであり，4社集中度を使うことが多い。上記2つの市場について4社集中度を計算すると，市場 A は90％，市場 B は94％となり，数字の差はわずかではあるが，それぞれの市場のシェア分布から受ける印象に合致して，市場 B のほうがより市場集中度が高く，相対的に競争が制限されていることが示される（**表13-1**）。しかし，もし2つの市場の競争状態を5社集中度によって比較したとすると，市場 A は100％，市場 B は95％となり，この場合，市場 A のほうがより競争が制限されているということになる。4社にしても5社にしても，合計される上位企業のシェアの分布はこの指標には反映されておらず，また，下位企業のシェアの分布も全く考慮されていない。n 社集中度も，市場の競争状態を測る指標として限界があるといえる。

これに対して，市場におけるすべての企業のシェアの分布を考慮して作られた指標が**ハーフィンダール・ハーシュマン指数（HHI）**である。これは市場における各企業のシェア（％）をそれぞれ二乗して，すべて合計したものであり，市場 A の場合は $30^2 + 25^2 + 20^2 + 15^2 + 10^2 = 2250$，市場 B の場合は $80^2 + 12^2 + 1^2 + \cdots + 1^2 = 6552$ と計算される（**表13-1**）。大きなシェアを持つ企業が存在すれば，その値が二乗されて指数は一層大きくなるため，市場 B の HHI は市場 A のおよそ3倍もの大きさになっている。この HHI の値によって，市場 B のほうがより市場集中度が高く，競争が制限されているということがうまく示されている。HHI の値は独占市場の場合に $100^2 = 10000$ と最大になり，市場が完全競争的になるにつれて 0 に近づいていく。

以上のように，HHI は市場ごとの各企業のシェアの分布の違いをうまく反映した指標であり，競争政策における公正取引委員会の企業結合審査（企業の合併・買収を認めるかどうかの審査）では，合併や買収によって市場支配力が生じて競争が制限されるかどうかを判断するために利用されている。

2 合併・買収

1 合併・買収とは

　複数の企業が法的に1社に統合されることを**合併**，一方の企業が他方の企業の株式の過半数を取得して支配下に置くことを**買収**という。これらは合わせて**M＆A**（Mergers and Acquisitions）とよばれる。日本企業のM＆A件数は2008年のリーマンショック後に一時的に落ち込んだものの，2011年以降増加を続け，2016年には2652件を記録している（(株)レコフの資料による）。

　合併や買収では意思決定主体が1つに統合され，経営規模が一般的に拡大するので，企業にとっては市場支配力をもつことが期待できる。これが企業の合併・買収の動機の1つであると考えられるが，市場支配力が生まれるような合併・買収は社会の余剰を減らすことになるため，競争政策を推進する公正取引委員会によって厳しく規制されることになる。

　その一方で，合併・買収によって企業の効率性が向上することも考えられる。複数の企業が1つに統合されれば，たとえば，規模の経済によって生産費用が大幅に低下したり，また関連する技術や知識が組み合わさることで新製品・サービスの開発が可能になったり，さらには別々に保有されていた知的財産権（特許や商標など）が共通で利用できるようになったりするだろう。これらは企業の効率性を高め，費用を低下させるので，この点で企業の合併・買収はむしろ奨励されるべきかもしれない。

　では，企業に市場支配力を生じさせるとともに，効率性の向上をもたらしうる合併・買収は，経済的にどのように評価すればよいのだろうか。以下では企業が合併するケースを想定し，その経済効果について分析してみよう。

2 合併の経済効果

　図13-1は，企業の水平合併（同じ市場で競争しあっている企業同士の合

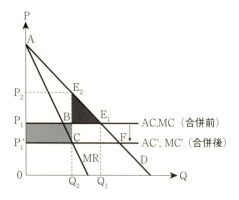

図13-1　水平合併の経済効果

併）が起きたときに社会の余剰がどのように変化するかを示している。ここでは企業に固定費用はなく，平均費用ACと限界費用MCは等しく，P_1の水準で一定であるとする。また，企業が合併する前は市場は完全競争的な状態にあるが，合併した後はその企業が独占企業として市場支配力をもつと同時に，効率性の向上によって企業の費用は低下するものとする。

まず合併前は，需要曲線Dと限界費用曲線MCが交わる完全競争均衡E_1において生産量はQ_1，価格はP_1となる。このとき消費者余剰はAE_1P_1の面積であり，生産者余剰はゼロである。ここで合併が起きたとすると，効率性の向上によって限界費用がP_1からP_1'の水準に低下するとともに，独占になった企業は限界収入（MR曲線）と限界費用P_1'が一致するように生産量をQ_2に決め，価格をP_2の水準に設定し，独占均衡E_2が実現する。このとき消費者余剰はAE_2P_2の面積になり，合併前より$P_2E_2E_1P_1$の面積の分だけ減少してしまうが，生産者余剰は独占利潤の分，すなわち$P_2E_2CP_1'$の面積だけ増加する。これらを合計すれば，結局，この合併によってE_2E_1Bの面積の余剰が失われる一方で，P_1BCP_1'の面積の余剰が増えることになる。これが企業の合併がもたらす社会の余剰の変化である。

したがって，E_2E_1BとP_1BCP_1'の面積のどちらが大きいかで合併に対する評価は違ったものになる。もしE_2E_1Bの面積のほうが大きいなら，合併し

た企業の市場支配力がもたらす価格の上昇の影響が強いために社会の余剰が減少するということなので，この合併は容認されないだろう。一方，P_1BCP_1'の面積のほうが大きい場合は，合併による効率性の向上がもたらす費用の低下の影響が強いために社会の余剰が増えるということなので，こうした合併なら認められるべきだろう。

ここで注意したいのは，これまでの実証研究においては合併によって企業の効率性が向上するということが十分には示されていない点である。現実には合併が企業の効率性の向上に寄与するケースも少なくないと思われるが，競争政策の観点からはやはり，合併によって企業に市場支配力が生じるかどうかの判断が最も重要だということになるだろう。

3 二重限界化の問題

1 垂直的取引

財やサービスは通常，原材料の調達，部品の製造，組み立て，運搬，卸売り，小売りといった段階を経て私たちの手元に届けられる。それぞれの段階には多くの企業が存在し，段階を隔ててさまざまな取引が行われている。たとえば，部品メーカーは商社から原材料を調達し，それによって製造した部品を組み立てメーカーに納入する。組み立てメーカーは部品メーカーから購入した部品を使って完成品を作り，それを問屋に卸す。小売店は問屋から仕入れた商品を私たち消費者に販売する。

いくつもの段階にわたる企業間のこうした取引は川上から川下への川の流れにたとえられ，**垂直的取引**とよばれる。垂直的取引では，複数の段階において企業が市場支配力をもつ可能性がある。もし複数の段階で競争が制限されるならば，社会の余剰の減少は相当な規模になるだろう。以下では，この問題をメーカーと小売店の間の垂直的取引のケースで考えてみよう。

2　二重限界化

メーカーによって作られた財が小売店を通じて消費者に販売される状況を想定しよう。ここで，メーカーも小売店もそれぞれの段階において市場支配力をもつ独占企業だったとしたら，市場に何が起きるだろうか。

図13-2において，Dはこの財に対する市場の需要曲線を示している。これはつまり，財を消費者に販売する小売店が直面する需要曲線である。そして，Dから導かれるMR_rは小売店の限界収入曲線であり，これによって小売店の生産量（販売量）が決まることから，MR_rはすなわち小売店に財を販売する（卸す）メーカーが直面する需要曲線でもある。したがって，MR_rからメーカーの限界収入曲線MR_mを導くことができる。ここでは，メーカーの平均費用ACと限界費用MCは等しく，P_1の水準で一定であるとする。

メーカーが市場支配力をもつ独占企業ならば，限界費用P_1と限界収入（MR_m曲線）が等しくなるようにQ_mの生産が行われ，価格はP_mとなる。P_mはメーカーがこの財を小売店に販売する卸売価格であるから，これはすなわち小売店にとっての仕入れ価格である。独占企業である小売店の限界費用がこの仕入れ価格のみだとすると，小売店は限界費用P_mと限界収入（MR_r曲線）が

図13-2　二重限界化

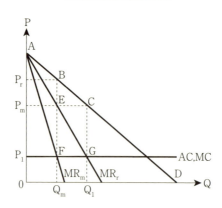

等しくなるように生産量（販売量）を Q_m に決め，そして小売価格を P_r の水準に設定する。

このときメーカーは $P_m EFP_1$ の面積，小売店は $P_r BEP_m$ の面積の利潤を手にし，消費者余剰はわずか ABP_r の面積だけで，社会的余剰はかなり小さくなる。このように，垂直的取引において卸売りの段階と小売りの段階の両方で市場支配力が生じると，二重にマージン（利ざや）が発生し，社会の余剰は大幅に失われてしまうのである。これを**二重限界化**（double marginalization）の問題という。

この問題を回避するための1つの方法は，メーカーと小売店が垂直統合することである。メーカーと小売店が統合された1つの独占企業として行動するならば，いわゆる独占均衡として生産量は Q_1，価格は P_m になるので，生産量が増えて価格が低下する結果，社会の余剰は $ACGP_1$ の面積にまで増加することになる。

第14章

市場経済と社会 －効率と公正－

――― キーワード ―――

- **市場経済**
  市場機構を基礎とする経済で、計画経済は計画機構を基礎とする経済である。
- **資源配分**
  各企業は様々な生産要素を購入し、さまざまな財・サービスを生産し、それが各消費者に消費されていく機構自体のことである。
- **効率ないし効率的**
  財や生産要素が無駄なく使用されている状態である。
- **社会的余剰**
  消費者余剰と生産者余剰を合計したものである。
- **限界費用価格形成原理**
  効率的な資源配分を目的とした、限界費用に等しく価格は決定されるべきであるという理論である。この原理は、ホテリング・ラーナー定理とも呼ばれる。
- **パレート最適**
  他の人の効用を減らさないと、いかなる人の効用も増やすことができない状態のことである。
- **厚生経済学の第1基本定理**
  完全競争市場の下で市場均衡がパレート最適を達成できることを示した定理である。
- **市場の失敗**
  価格メカニズムの働きが完全には発揮されない場合のことをいう。市場の失敗の1つのケースに、外部効果が存在する場合がある。
- **外部性の問題を解決する方法**
  ピグー的政策（課税政策ないし補助金政策）のほかに、「コースの定理」による方法がある。コースの定理によれば、当事者間の交渉ないし話し合いによって、

> 資源配分に費用がかからず，交渉を自由に行うことができれば，外部不経済の問題は当事者自らの力で解決でき，効率的な資源配分を実現できるとする。

 ## 市場経済とその特徴

　どのような経済社会でも，たとえば資本主義経済であっても，社会主義経済であっても，孤立した経済であっても，直面し解決しなければない基本的経済問題は，『コンテンポラリー経済学入門』で説明したように何をどれだけ，どのようにして，誰のために財は生産されるべきかという3つである。つまり，それは生産の問題，技術の問題，分配の問題である。なぜ，このような経済問題が発生するのかといえば，その根底に財・サービスに関する**希少性**という問題が横たわっているからである。

　このような経済社会の3つの基本的経済問題は，どのようにして解決されているのであろうか。その解決のためには，希少な経済資源を適切に配分する経済制度が必要であるが，その解決方法は制度の違いによって異なるのである。現在，そのような制度には，基本的には問題の解決を市場による配分に任せる市場機構を基礎とする**資本主義経済制度**と，その解決を政府による配分によって行う計画機構を基礎とする**社会主義経済制度**がある。さらに言えば，前者は問題の解決を市場に任せる市場機構を基礎とする**市場経済**であり，後者はその解決を政府による配分によって行う計画機構を基礎とする**計画経済**である。いずれの経済であっても，いかに希少な経済資源を効率的に配分するかが課題となる。この希少な資源の効率的な配分の達成は，経済学の最も重要な課題である。

　ところで，特にこの章で取りあげる市場経済の場合には，3つの経済問題は，市場機構の働き，さらに言えば**価格メカニズムの働き**によって解決されている。この価格メカニズムの働きは，価格のもつ需要と供給を調節する機能のことをいうが，経済学の祖・アダム・スミスはそれを「**神の見えざる手**」と呼んだのである。この場合の価格メカニズムは，相対価格のメカニズムであり，貨幣単

位で示される価格ではなく，他の財で示された価格のことである。要するに，生産，技術，分配という3つの経済問題は，この相対価格を通じて価格メカニズムによって解決されているのである。特に，分配が問題となるのは，たとえ限られた経済資源が財の生産に効率的に利用されていたとしても，それが望ましい分配を導くという保証が必ずしもないからである。この分配の問題は，最も重要な経済問題の1つでもあり，たとえば人々のもっている富の格差，さらにはその富の格差は世代を超えてよいのか，また人々がもらう所得の分配の平等・不平等などが問題となる。このような分配の問題では，分配の公平あるいは公正が問題となる。

この分配の公正の問題は，資源の効率的な配分とともに経済学の重要な課題であり，**効率的な資源配分**の達成と**公正な所得分配**の達成は経済政策の目標でもある。特に，この章では，効率と公正の問題を取りあげるが，まず効率の問題から始めることにしよう。

2 市場均衡と資源の効率的配分

資源の効率的配分は，経済学，とりわけミクロ経済学の課題であるが，ここで少し基礎的な事項について復習しておこう。まず，資源とは何であろうか。**資源**は，人々が日常生活で使っている「天然資源」としての意味に限定されず，それは市場で売買される財と生産要素をすべて含んだ用語である。つぎに，経済学のキーワードの1つでもある資源配分は，語句のイメージからすると一カ所に集めた天然資源を各地域ないし各個人に配分することであると解してしまいそうであるが，そのような意味ではなく「**資源配分**」とは各企業が様々な生産要素を購入して，さまざまな財・サービスを生産し，それが各家計に消費されていく機構自体のことをいう。さらに，「**効率**」ないし「**効率的**」という用語であるが，それは財や生産要素が無駄なく使用されている状態をいう。

さて，効率的な資源配分，あるいは資源の最適配分は，どのようにして達成できるのであろうか。市場経済では，希少な資源の配分を効率的に行うためには，市場における価格の需要と供給を調節する機能を使うことである。このように，市場経済では価格が調整の役割を果たし，市場均衡が達成される。第1

章でみたように，市場における価格を通じて買手の買いたい量，つまり需要量と，売手の売りたい量，つまり供給量が等しくなる市場均衡が達成される。図では，それは需要曲線と供給曲線の交点で達成される。これは，需要量と供給量が等しい状態を示しているが，言い換えればそれは資源の効率的配分が達成されていることを意味する。

つぎに，資源の効率的配分，ないし資源配分の効率性を判断する基準としてよく用いられる，第6章の部分均衡分析で取りあげた「**余剰**」概念について少しだけ説明しておこう。この余剰概念を用いた分析では，極めて重要な前提条件があるから，その内容をしっかり理解しておく必要がある。**消費者余剰**と**生産者余剰**を合計したものを**社会的余剰**と呼んだが，その大きさによって資源の効率的配分が達成されているどうかを評価できる。さらには，その社会的余剰が大きいほど社会的厚生も大きいと考えられる。完全競争市場と独占市場の場合の社会的余剰については，すでにみたが独占市場では，社会的厚生に一種の損失，つまり厚生の損失が発生するのである。この点については，第6章の完全競争市場と独占市場の場合の図をみて確認しておこう。この社会的余剰は，部分均衡分析の規範的分析で用いられるが，厚生経済学においても用いられる概念である。

さらに，資源の効率的配分，ないし資源の最適配分に関係する**限界費用価格形成原理**について説明しておこう。経済学において，資源の最適配分を実現するためには，価格は限界費用に等しく設定されるべきであるという主張が定着するようになるのは，1930年代後半以降のことであった。その後，経済学の各種の分野で，そのような考え方が一般化するようになった。たとえば，交通経済学においては，1940年代末以降そのような考え方が一般化し，交通の**公共性**が強く主張されるようになるが，それは，社会的利益ないし効率を意味する，いわゆる「**社会的厚生**」が第一義的に考えられるべきであるという主張が広くなされるようになったからである。

ところで，資源の効率的配分ないし資源の有効利用を目的とした，限界費用に等しく価格は設定されるべきであるという主張は，「限界費用価格形成原理」と呼ばれるが，これはホテリング（H.Hotelling），ラーナー（A.P.Lerner）らによって主に提唱されたことから**ホテリング＝ラーナー定理**とも呼ばれる。

この原理は、費用逓減、費用逓増の状態が存在する場合の資源の効率的配分を目的とするものである。ここでは、費用逓減の場合について、鉄道事業を例にあげて説明しておこう。いま、**図14-1**は、ダイヤがあまり過密でないある鉄道路線の輸送を示しているものとする。縦軸には、輸送サービスの価格である運賃（P）と費用（C）、横軸には輸送サービスの量（Q）をとる。D曲線は、その鉄道路線が直面する需要曲線、AC曲線はその輸送サービスを供給する平均費用、MC曲線はその輸送サービスを供給する限界費用、さらにMR曲線は限界収入曲線とする。説明を簡単にするために、D曲線とAC曲線は1カ所だけで接しているものとする。いま、鉄道事業者が利潤の最大化を求めて、限界収入（MR）＝限界費用（MC）になるように輸送サービスの価格、つまり運賃を決定すれば、それは図ではOP_1となり、輸送サービスの供給量はOQ_1となる。この運賃OP_1は、平均費用に基づく運賃であり、それは「**平均費用価格形成原理**」と呼ばれる。

しかし、社会的厚生の最大化を考えると、限界費用曲線（MC曲線）こそが供給曲線となるから、それが需要曲線（D曲線）と交わるF点に対応して運賃はOP_2に決定されなければならない。これが、限界費用に基づく運賃の形成であり、限界費用価格形成原理である。このように、限界費用に等しく運賃を決定すると、運賃はOP_2、輸送サービスの需給量はOQ_2となる。しかし、こ

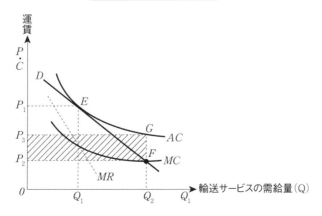

図14-1　費用逓減の場合

の場合，平均費用はGQ$_2$となるから，平均費用（費用）の方が運賃（収入）をGFだけ上回ってしまう。つまり，単位当たりGFだけの損失が生じ，全体では斜線で示した四角形FGP$_3$P$_2$の損失が鉄道事業者に生ずることになる。このように，たとえ損失が生じたとしても，限界費用に基づく運賃OP$_2$は，需要曲線Dと限界費用曲線MCとの交点に対応した運賃になっているが，MC曲線は供給曲線に他ならないから，その運賃は需要曲線と供給曲線の交点に対応した運賃であり，資源の最適配分を満足した運賃なのである。しかし，費用逓減の場合には，限界費用に等しく運賃を決定すると，鉄道事業者に損失が生ずるが，この限界費用価格形成原理によればそれを政府の補助金ないし**内部相互補助**で補填しても，資源の最適配分の達成のためには運賃は限界費用に等しく決定すべきであるとする。

　以上，鉄道事業を例にあげて，限界費用に等しく価格を決定すれば，資源の最適配分ないし資源の効率的配分が図れることを説明したが，それは需要曲線と供給曲線の交点に対応しており，需要量と供給量が等しくなる市場均衡が達成されているから，資源の効率的配分が図られているのである。これまで，部分均衡分析の下で市場均衡が効率的な資源配分を達成できることを説明してきたが，つぎに一般均衡分析の下でのそれについて説明する。

3 パレート最適と厚生経済学の基本定理

　一般均衡分析においては，資源配分が効率的になされているかどうかを判断する基準として，**パレート最適**ないし**パレート効率性**と呼ばれる基準が用いられる。パレート（Vilfredo Pareto）は，ローザンヌ学派のイタリアの経済学者で，本書の第1章で取りあげた消費者行動の理論で序数的アプローチを初めて展開した人でもある。パレート最適は，**厚生経済学**ないし新厚生経済学における古典的な概念で，資源配分に関する概念である。そこで，パレート最適について説明する前に，厚生経済学について少し説明しておこう。

　厚生経済学は，パレート最適を基礎とする経済学で，それを用いて社会における資源配分の望ましさ，さらに言えば資源配分はどうあるべきか分析しようとする**規範的理論**である。この厚生経済学に登場する「厚生」は，初学者が想

像しやすい「福祉」というような社会政策一般に関する概念ではなく，すでに何度も登場した「効用」ないし「効率」とほぼ同義の用語である。**厚生経済学**とは，価格メカニズムが家計の効用の最大化，企業の利潤の最大化，公正な所得分配などに対して，どのようにどの程度まで有効に作用するか，また独占的経済主体が存在すると，どれだけの効用ないし利潤の損失が生ずるか，それを規制するための政府の価格管理政策はどこまで有効で望ましいのか，さらにはある経済状態を改善するための課税あるいは補助金の妥当性はどうか，などの問題に対して，これまで説明してきたミクロ経済理論を用いて評価・判断する経済学である。それは，極めてミクロ経済理論的なアプローチであり，その意味で厚生経済学はミクロ経済理論の応用分野であるといわれる。

このような厚生経済学は，パレート最適を基礎とするが，それはどのような概念なのであろうか。**パレート最適**とは，他の人の効用を減らさないと，いかなる人の効用も増やすことができない状態のことをいうが，資源の最適配分と言い換えても同義である。さらに言えば，パレート最適は，第3章で取りあげた消費の無差別曲線と予算線とが接する均衡点ないし消費均衡点であるともいえる。一般均衡分析では，このパレート最適ないしパレート効率性が資源の効率的配分の基準，さらに言えば社会における資源配分の望ましさの基準となる。

つぎに，このパレート最適についてもう少し説明しておこう。いま，市場が完全競争状態にあるときには，つぎの均等式が成立する。

$$\frac{P_1}{P_2} = \underbrace{\frac{\frac{\partial U_1}{\partial x_1}}{\frac{\partial U_1}{\partial x_2}}}_{\text{(家計1)}} = \underbrace{\frac{\frac{\partial U_2}{\partial x_1}}{\frac{\partial U_2}{\partial x_2}}}_{\text{(家計2)}} = \cdots = \underbrace{\frac{\frac{\partial F_1}{\partial x_1}}{\frac{\partial F_1}{\partial x_2}}}_{\text{(企業1)}} = \underbrace{\frac{\frac{\partial F_2}{\partial x_1}}{\frac{\partial F_2}{\partial x_2}}}_{\text{(企業2)}} = \cdots$$

消費側　　　　　生産側

ここで，U_1，U_2は家計1と家計2の効用関数，P_1とQ_1は1財の価格と数量，P_2とQ_2は2財の価格と数量，F_1とF_2はそれぞれ企業1，企業2の生産関数とする。左から2番目と3番目の等式は，**限界効用均等の法則**がすべ

て家計（ここでは家計1と家計2）について成立し，かつそれが価格比と等しいことを示している。また，左から4番目と5番目の等式は1財と2財の2つの財を同時に生産している企業の**限界変形率**（限界転形率とも呼ばれる）がすべて企業（ここでは企業1と企業2）において等しく，かつそれが価格比と均等することを示している。

このような条件で財・サービスが市場で売買されているとき，資源は最適配分ないし効率的配分がなされているという。

ところで，各家計，企業は，与えられた価格のもとで，それぞれ効用の最大化，利潤の最大化を目的に行動している。各財は，生産可能限度一杯に生産され，消費可能限度一杯に消費されているのである。したがって，このような状態である1財の生産，ある家計の効用，つまり所得を増加させることは，他の財の生産，他の家計の効用を減少させない限り不可能である。このように，企業の生産関数，費用，所得，さらには価格が与えられているとき，最大可能な生産・消費が行われている場合，経済は**パレート最適**の状態にあるという。独占企業や何らかの外部性が存在して，価格＝限界費用などの最適条件が成立していない場合は，パレート最適ではないのである。この場合には，様々な政策手段を使って資源の再配分を行うことによって，他の企業の利潤・他の家計の効用を減らさないで，一企業・家計のそれを増加させることができる。

一般均衡分析においては，いまもみたようにパレート最適は資源の効率的配分の基準となるが，**市場均衡**ないし**競争均衡の効率性**に関する定理として，**厚生経済学の基本定理**がある。この定理は，市場均衡とパレート最適の関係を特徴づけたものであり，それには第7章で詳しく説明するが，第一基本定理と第二基本定理がある。**第一基本定理**は，完全競争市場の下で市場均衡がパレート最適を達成できることを示した定理である。言い換えれば，それは，価格メカニズムの働きが完全に発揮される場合，つまり「**市場の失敗**」が存在しない場合，市場で実現される資源配分はパレート最適であるということである。**第二基本定理**は，どんなパレート最適も適切な**所得再分配政策**を実施すれば，市場機構を通じて実現できるという定理である。このように，厚生経済学では，この第2基本定理にみられるように任意のパレート最適は適切な所得再分配を実施すれば，市場機構を通じて実現できるとする。

4 所得分配と公正性

　パレート最適は，すでにみたように一定の資源を経済全体の生産・消費が最大になるように配分することを意味する。つまり，このパレート最適の基準によれば，最も効率のよい生産体制と消費体制が作り上げられているのである。しかし，この基準をもっては**公正な所得分配**は達成されていないのである。資源の効率的な配分，ないし資源の最適配分は，所得分配と独立な関係にあるのである。

　ところで，市場経済では効率的な資源配分は市場機構を通じて実現されるが，公正な所得分配は市場機構を通じて実現されない。というのは，所得分配は機能的分配によってなされているから，各個人の生産に果たす機能ないし生産への貢献度に基づいて分配する市場機構に任せておくと，その貢献度が少なければ分配される所得も少なくなって所得格差が生じ，公正なそれは実現されないからである。それゆえ，公正な所得分配を実現するためには，**累進所得税制**や生活保護といった**所得再分配**を行わざるを得なくなるのである。ここで，問題になるのが，どのような所得分配が「公正」かということである。この**公正**という概念は，公平とか平等とか正義とかいう意味で用いられているが，主義・主張の違いによってさまざまな意味で使用されている。たとえば，平等主義者によれば平等な所得分配が公正であるとされる。いずれにしても，どのような状態を公正と考えるか，さらに言えば人々にどれだけ所得を分配すべきかという問題は，個々人の主観的な評価，つまり価値判断をともなう問題であり，公正に関する客観的な基準は存在しないのである。またさらには，所得再分配政策における公正も，時代とともに変化し，それを明確にすることは非常に難しいのである。

　この最初にも述べたように，市場機構を通じて効率的な資源配分が達成されても，それが社会的に公正な所得分配を導くという保証はないのである。したがって，公正な所得分配を実現するためには，所得再分配政策が求められる。しかし，そのような所得再分配政策は価格体系を歪めるから，効率的な資源配分を阻害することになる。そうすると，効率的な資源配分と公正な所得分配と

の間に**トレード・オフ**（二律背反）の関係，つまり効率的な資源配分を優先すれば公正な所得分配を犠牲にしなければないし，逆に公正な所得分配を優先すれば効率的な資源配分を犠牲にしなければならないという問題が生ずるから，社会的選択が求められることになる。要するに，市場経済では，効率的な資源配分は担保されるが，公正な所得分配は担保されないのである。

5 市場の失敗と外部性

　市場経済では，すでに述べたように多くの財やサービスは市場で取引され，その需要と供給のバランスは市場機構の働き，ないし価格メカニズムの働きを通じて図られている。しかし，現実の市場経済では，市場が存在しないで，そのような価格メカニズムの働きが完全には発揮されない場合，つまり「**市場の失敗**」がみられる。この市場の失敗のケースには，①外部効果が存在するとき，②公共財を供給するとき，③価格の下方硬直性という現象がみられるときなどの場合がある。この市場の失敗については，第10章で詳しく説明したので，ここでは外部効果が存在する場合についてのみ復習も兼ねて少しみておこう。

　外部効果には，2つの側面があり，ある経済主体の活動が他の経済主体に対して利益（望ましい影響）を与える場合と，非利益（望ましくない影響）を与える場合がある。前者は，**外部経済**，後者は**外部不経済**と呼ばれる。さらに，この外部効果は，内容的には市場を経由する金銭的ないし市場機構的なものと，市場を経由しない技術的ないし非市場機構的なものに分けられ，前者は金銭的外部効果，後者は技術的外部効果と呼ばれる。

　まず，金銭的外部効果は，市場機構を通じて，つまり価格変化を通じてある経済主体が他の経済主体に利益あるいは不利益を与える場合をいう。この場合，資源は，価格メカニズム通じて最適に配分される。これに対して，後者の**技術的外部効果**は，市場機構を通さずに生ずる外部効果で，ある経済主体の活動が結果として他の経済主体に技術的ないし物理的に利益あるいは不利益を与える場合をいう。たとえば，家計の効用を最大化しようとする行動や，企業の利潤を最大化しようとする行動が，結果として他の経済主体に技術的に利益あるいは不利益を与える場合である。利益を与える場合は技術的外部経済，不利益を

与える場合は技術的外部不経済という。この前者の例としては，たとえば自宅の隣との境に花を植えた場合があげられる。この場合，自らも花を楽しむことができるし，隣の人もそれを楽しむことができ，両者に良い影響を与える。後者の例として，各種の公害があげられる。たとえば，ある企業が工場で何の防止装置もせずに煤煙を出して生産していたとすると，その企業にとっては利益が多くなり望ましいが，近隣の住民にとっては煤煙による公害で不利益を被ることになる。この場合，資源配分は，価格メカニズムを通じて最適化されず，それは不適正配分にならざるを得ないのである。もし，公害を削減するために公害税とか環境税が課せられたとすれば，それが価格に似た働きを発揮し，公害を削減することが可能となる。

つぎに，企業の生産にともなう外部不経済について，典型的な産業型公害の場合についてみておこう。産業型公害は，工場から排出される煤煙や廃液によって，近隣の住民が被る外部不経済のことである。いま，**図14-2**のPMC曲線は，ある工場で生産される製品の私的限界費用曲線，右下がりのD曲線はその製品の需要曲線であるとする。このPMC曲線は，生産量の変化にともなう私的な限界費用の変化を示した供給曲線にほかならないから，PMC曲線（供給曲線）とD曲線（需要曲線）とが交わるE点（市場均衡点）で，市場は均衡する。この均衡点に対応する企業の生産量は，OQ_Fとなる。この市場均

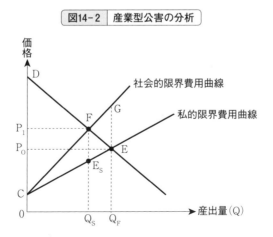

図14-2 産業型公害の分析

衡点は，社会的に最適な均衡点ではないのである。というのは，PMCには生産にともなう外部不経済の費用が含まれていないからである。企業の私的生産費用にこの外部不経済の費用を加えた費用が社会的総費用であり，それを生産量で微分すると社会的限界費用を求めることができる。その**社会的限界費用**を用いて，社会的余剰を求めると，企業の生産量が市場均衡点に対応するOQ_Fの場合には，図の三角形FEGの面積に等しい死荷重が生ずる。いま，その社会的限界費用をSMC曲線であるとすれば，社会的に最適な均衡点はそのSMC曲線とD曲線とが交差するF点（社会的最適点）となる。この最適点に対応した生産量はOQsとなり，これは**社会的余剰**が最大となる生産量である。言い換えれば，その生産量は需給量が一致した社会的な効率性を満足した生産量なのである。

このような外部不経済も考慮した場合の社会的に最適な生産量を実現するためには，政府による介入が必要となる。その解決のためには，どのような政策が必要となるのであろうか。それには，基本的には規制政策，課税政策，補助金政策の3つの政策があげられる。

まず，**規制政策**であるが，これは政府が環境基準を設定し，排出量を直接規制するか，あるいは政府が排出量を制限するために，生産量を規制したりする政策である。図との関連で言えば，それは排出規制によって生産量をOQ_FからOQsに減少させようとする政策である。つぎに，**課税政策**は，公害を発生させている企業に公害税ないし環境税を課することによって，最適な生産水準を実現しようとする政策である。これは，図との関連で言えば生産量OQsにおける社会的限界費用と私的限界費用との差のFEsに等しい公害税を課し，生産量を減らし汚染物質の排出量を削減しようとする政策である。さらに言えば，この公害税の課税によって実現される生産量OQsは，社会的限界費用曲線（SMC曲線）と需要曲線（D曲線）との交点，つまり社会的最適点に対応した生産量であるから，社会的に最適な生産量となる。このような課税政策は，「**ピグー的政策**」とも呼ばれる。さらに，補助金政策は，いまみた課税政策とは逆に公害を発生させないように努力している企業に対して，その努力に応じて補助金を支給する政策である。この政策は，生産量の削減ないし汚染物質の排出削減量に応じて補助金を支給する政策であるから，その削減量が多くなる

ほど補助金も多くなる。この補助金政策は，財政支出をともなうが結果には課税政策と同じ効果をもたらす。

　以上，産業型公害といった外部不経済を削減しようとする3つの政策について説明したが，そのような外部性の問題を解決しようとするもう一つの方法がある。それは，第13章ですでに説明した「コースの定理」によるような方法である。この定理によれば，当事者，つまりステークホルダー間の話し合いや交渉によって，もし資源の配分に費用がかからず，交渉を自由に行うことができれば，外部不経済の問題は自らの力で解決でき，資源は効率的に配分できるとする。さらに言えば，そのような当事者間の交渉によって，社会的余剰が最大になるような合意が得られ，それを交渉を通じてすべての当事者の厚生を改善するように分配できれば，効率的な資源配分を実現できるとするのである。

第 15 章

経済数学入門

―― キーワード ――

- 微分
  効用関数から限界効用，総費用から限界費用を導く際には接線の傾きの大きさから図的に求めることができるが，数学的には微分を用いる。
- 偏微分
  多くの変数からなる関数を微分する際に用いられる手法であり，偏微分したい変数以外の変数を定数とみなして微分する。
- ラグランジュ未定乗数法
  予算制約や要素価格制約といった条件下での最適化問題を解く際に使われる手法である。まず，ラグランジュ乗数である λ が含まれたラグランジュ関数を定義する。そしてラグランジュ関数を偏微分して1階の条件を導き，導出された連立方程式を解くことにより，制約下での最適値が導かれる。

　本書は高校数学の知識や理解を前提とせずに説明を行ってきた。しかし，ミクロ経済学をより深く学んでいくためには偏微分等の経済数学を理解していることが重要となる。そこで本章では，経済数学について基本的かつ直感的な説明を行う。その際に，高校数学の理解を前提とせずに解説を試みる。今後の発展的学習のためにも本章を通して経済数学にまずは慣れ，経済数学を用いた記述を行っているより高度なテキストを読みこなせるようになってほしい。よって本章では厳密性よりも初学者にとってのわかりやすさを重視する。このため，高校数学が得意であった読者は参考文献に記載されている経済数学に関するテ

キストを参照されたい。また，経済数学は最初に図と言葉で基礎理論を理解した後に，「数式の読み方」に慣れておくと実はさほど難解ではなく，数式は難しいという先入観を取り除くことが肝要である。本章はそのような先入観をまずは取り去ることを意図している。

一次関数と図の関係についての復習

本書では，これまでたくさんの図を用いて解説してきた。たとえば供給曲線は，横軸に数量Q，縦軸に価格Pをとった平面で右上がりの直線として記述された。これを図示したものが**図15-1**である。

この**図15-1**では，供給曲線Sが$P = a + bQ$として描かれており，aという切片を通り，直線の傾きがbとなっている。ここから読み取るべきこととして，横軸である数量Qが1単位増えればbだけ縦軸である価格Pが上昇するということであり，bの値が大きくなれば，直線の傾きが大きくなり，1単位の数量Qの増加に対する価格Pの増加分もまた大きくなるということである。そして，bが正であれば直線は右上がりになり，数量Qが増加すれば価格Pも増加し，bが負であれば直線は右下がりになり，数量Qが増加すれば価格Pは減少する。さらに，**図15-1**における供給曲線は直線であるため，傾きは一定である。一見，当たり前のことではあるが，後述の説明の際に必要となるため，いまいちど確認されたい。

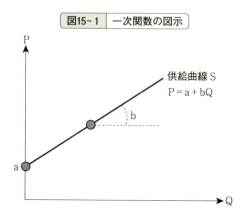

図15-1 一次関数の図示

2 指数の公式

ここでいくつかの**指数法則**を確認していく。まず,

$$x^a \times x^b = x^{a+b} \tag{1}$$

$$x^a \div x^b = x^{a-b} \tag{2}$$

$$(x^a)^b = x^{a \times b} \tag{3}$$

$$x^0 = 1 \tag{4}$$

$$x^a \times y^a = (xy)^a \tag{5}$$

$$x^{-a} = \frac{1}{x^a} \tag{6}$$

$$x^{\frac{b}{a}} = \sqrt[a]{x^b} \tag{7}$$

上記のうち,(1)から(5)式まではさほど難しいと感じた読者は少ないかもしれない。念のため,以下の演習問題で確認されたい。

【演習問題】

次の計算をしなさい。

【問1】 $x^2 \times x^4$

【問2】 $x^8 \div x^3$

【問3】 $(x^3)^4$

【問4】 12^0

【問5】 $1.5^2 \times 4^2$

正解は以下のとおりである。

【答1】 $x^2 \times x^4 = x^{2+4} = x^6$

【答2】 $x^8 \div x^3 = x^{8-3} = x^5$

【答3】 $(x^3)^4 = x^{3 \times 4} = x^{12}$

【答4】 $12^0 = 1$

【答5】 $1.5^2 \times 4^2 = (1.5 \times 4)^2 = 6^2 = 36$

そして、(6)式であるが、「x をマイナス a 乗すると、x の a 乗分の1という分数になる」ことを示している。これは以下のように考えるとわかりやすい。$2^3 = 8$ であるため「2の3乗は8」となり「$8 = 2 \times 2 \times 2$」であり、$2^2 = 4$ であるため「2の2乗は4」となり「$4 = 2 \times 2$」であるが、この関係を以下のように考えてみる。

- 2の3乗 = $1 \times 2 \times 2 \times 2$
- 2の2乗 = $1 \times 2 \times 2$
- 2の1乗 = 1×2
- 2の0乗 = 1

累乗する回数が1回増えるごとに「×2」が1つずつ増えるため、2の0乗が1となる意味も分かるであろう。そして、「2の3乗」は「$1 \times 2 \times 2 \times 2$」のように「1に2を3回かけたもの」と考えることもできる。ところでプラスの反対はマイナスであり、「プラスが掛け算」なら「マイナスは割り算」と考えることもできるため、「2のマイナス3乗」は「1を2で3回割った数」ということになり、「$2^{-3} = 1 \div 2 \div 2 \div 2$」が成立する。よって(6)式が成立する。

そして、(7)式には**累乗根**という概念が必要となる。この概念を忘れてしまった読者でも $2^2 = 4$ であり $\sqrt{4} = 2$ の関係は理解しているであろう。$\sqrt{4} = 2$ という式の左辺は $\sqrt[2]{4} = 2$ と書くこともできる。この $\sqrt[2]{4}$ は「2乗したら4になる数は何か？」と読むことができる。平方根とは2乗したらルートの中にある数になる値を求めるとイメージしてほしい。また、$\sqrt[2]{4}$ と標記すると見慣れないと感じる読者もいるかもしれないが、通常は左側の2が省略されているだけで

ある。これが2以外の場合は明示的に記載される。たとえば，$2^3 = 2 \times 2 \times 2 = 8$ であり，これは $\sqrt[3]{8} = 2$ となり，「3乗して8になる数は2である」ということを示している。同様に $\sqrt[4]{16} = 2$ であり，$\sqrt[3]{27} = 3$ となる。さらに，(7)式のbを1とすれば，$\sqrt{4}$ は $4^{\frac{1}{2}} = 2$，$\sqrt[3]{8}$ は $8^{\frac{1}{3}}$ となることもわかる。

【演習問題】 次の計算をしなさい。

【問6】 4^{-3}

【問7】 $16^{\frac{1}{4}}$

正解は以下のとおりである。

【答6】 $4^{-3} = \dfrac{1}{4^3} = \dfrac{1}{64}$

【答7】 $16^{\frac{1}{4}} = \sqrt[4]{16} = 2$

3 一変数関数の微分

高校数学に苦手意識のある読者であれば，まずは微分とは**図15-2**のように曲線の傾きのことだと考えてみよう。つまり，総費用曲線の傾きが限界費用曲線だったように，「総費用を微分すれば限界費用になる」と最初のうちは考え

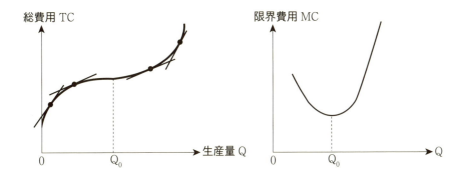

図15-2 総費用と限界費用

ておくとよいかもしれない。

図15-2では、総費用 TC は、生産量の増加に対して、費用の増加は最初のうちは逓減的であるが、Q_0 を超えると逓増する総費用曲線が描かれている。このため、総費用曲線の傾きは最初のうちは小さくなっていくが、Q_0 を超えると大きくなっていく。この総費用曲線の傾きこそが限界費用 MC であり、総費用曲線の傾きが小さくなっている時（Q_0 より小さい生産量）に、限界費用は右下がりで、Q_0 より大きな生産量では総費用曲線の傾きが大きくなっていき、限界費用も右上がりになっている。つまり、総費用曲線の傾きが正のまま、徐々に小さくなり、Q_0 を超えると大きくなっていく。この傾きの大きさが限界費用であり、生産量と限界費用の関係を図示すると**図15-2**の右図のような U 字型となる。

さらに微分の直感的イメージをつかむために、限界効用逓減の法則を例に確認していく。図15-3では A，B，C の各点において傾きは正であるが、これは一次微分がプラスということを意味します。これは財の消費量 X が増加すれば効用 U も増加することを意味している。

つぎに傾きの大きさ自体をみていくと、財の消費量が増大するに従って効用自体は大きくなるが追加的な効用の増加分は小さくなる。このことは**二次微分**がマイナスになることを意味している。限界効用逓減の法則とは消費量の増加につれて効用水準自体は高まっていくものの、効用の増加分である限界効用は

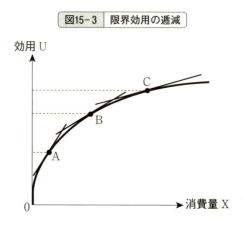

図15-3　限界効用の逓減

逓減していくというものであったが，言い換えれば，効用を消費量で微分すると**一次微分**は正で**二次微分**は負ということになる。よって，極めて便宜的な表現になるが，横軸の記号が増大したときに縦軸の記号が増えるかどうかを見るのが一次微分だとまずは考えてみよう。すると，接線の傾きが正であり，一次微分がプラスであれば，横軸の数量が増大したときに縦軸のそれも増大する。逆に一次微分がマイナスであれば，横軸の数量が増大したときに，縦軸のそれは減少する。そして，**二次微分は「『増え方』の変化量」**であり，これが正であれば加速度的に増えていくことになり，負であれば逓減していくことになる。この関係を式で表すと，

$$\frac{dU(X)}{dX} > 0 \tag{8}$$

$$\frac{d^2U(X)}{dX^2} < 0 \tag{9}$$

となる。(8)の左辺は効用 U を消費量 X で微分していることを意味し，分数ではないことに注意である。d は微分の記号だと考えよう。この(8)式は 0 より大きく正である。正であるということは「消費量の増加につれて効用水準自体は高まっていく」ことを示している。そして(9)式の左辺には分子と分母に共に 2 とあるが，これは二回微分していることを意味している。二回の微分を行うということは，「増え方の増え方」を検証したく，(9)式は 0 より小さく負であるため，「増え方が逓減している」ことになる。よって限界効用の逓減を意味する式となっている。

また，微分の表記は以下のような場合もある。$y = f(x)$ という関数であれば，

$$y' = \frac{dy}{dx} = f'(x) \tag{10}$$

となる。効用関数を $U = U(X)$ とすれば，

$$U' = \frac{dU(X)}{dX} \tag{11}$$

とも表記できる。そして具体的な計算方法であるが，たとえば $y = 3x^2 + 5$ という関数であれば，①xの右上についている指数をxの前の項にかけ，②xの右上についている指数から1を引き，③xがついていない項，この場合は

5を無視して,

$$y' = \frac{dy}{dx} = 2 \times 3 x^{2-1} = 6x \tag{12}$$

となる。つまり,

$$y = ax^b + cx + d$$

であれば,

$$y' = \frac{dy}{dx} = bax^{b-1} + 1 \times cx^{1-1}$$
$$= bax^{b-1} + 1 \times cx^0 = bax^{b-1} + c \tag{13}$$

と一般化できる。そしてこのy'を導関数と呼ぶ。

【演習問題】

【問8】 総費用TCが, $TC = x^3 - 20x^2 + 110x + 2000$であるときの, 限界費用関数を求めよ。

【答8】 $MC = \dfrac{dTC(x)}{dx} = 3 \cdot x^{3-1} - 2 \cdot 20 \cdot x^{2-1} + 1 \cdot 110 \cdot x^{1-1}$

となるため,

$$MC = \frac{dTC(x)}{dx} = 3x^2 - 40x + 110$$

となる。

これまで, 曲線が右上がりであれば, その接線の傾きは正になるため, 微分するとプラスになるところであり, 逆に, 曲線が右下がりであれば, その接線の傾きは負になるため, 微分するとマイナスになることを確認してきた。つまり, 微分してプラスならば, ある変数が増えると, その変数に影響を受ける変数が増加し, 逆に, 微分してマイナスであれば, ある変数が増えると, その変数に影響を受ける変数が減少する。これが経済学で微分を用いる理由の1つであった。

図15-4は, 横軸Xと縦軸Yの関係が曲線の場合を示している。A点より

図15-4　接線の傾きの正負とゼロの点

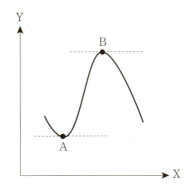

左側に接線を引くと，傾きがマイナスとなる。つまり，微分するとマイナスとなる。これはB点の右側でも同様である。そして，A点とB点との間では，接線の傾きはプラスであり，微分するとプラスとなる。

さらに経済学で微分を用いる理由は，利潤最大化や費用最小化とも関わる。**図15-4**においてA点とB点で接線を引くと，接線は水平となり，傾きの大きさはゼロとなり，微分するとその値はゼロとなるのである。このように接線の傾きがゼロ，言い換えれば微分してゼロとなる点は最小値か最大値になるケースが多い（正確には極小・極大であり，特定の条件が満たされると最大値や最小値となる）。たとえば，この関数が利潤であればB点が望ましいし，費用であればA点が望ましい。このような最適値を求める際に，微分してゼロとなる点を探すために経済学では微分が用いられていると言うことも出来る。

4　偏微分──多変数関数の微分

これまでは，右辺にある変数が1つの関数を微分するケースを見てきた。しかし変数が2つ以上の関数もしばしば経済学では用いる。たとえば，資本をK，労働をL，生産量をYとすると，

$$Y = F(K, L) \tag{14}$$

という生産関数を表すことができる。Lの投入量を一定としたままで，Kのみを増加させた時にどれだけYが増える（減るか）か，そして，その増え方(減り方)が逓減的か逓増的か，こういったことを確かめるためには，これまでみてきた微分でなく，**偏微分**を用いる。偏微分では，Lを一定として，Kだけを増やした時，どれだけYが変化するかをみていく。労働Lを一定として，資本Kのみ投入を増加させた場合のYの変化分は，

$$\frac{\partial Y}{\partial K} = F_K \tag{15}$$

となる。この∂は「ラウンドデルタ」と発音し，偏微分の時に使う記号である。さらに資本のレンタル費用をr，賃金をw，生産物価格をPとすれば，利潤πは，

$$\pi = P \times Y - (rK + wL) = P \times f(K, L) - (rK + wL) \tag{16}$$

となる。ここで利潤πが最大化される労働投入量を考えたい。価格Pが所与であるとすれば，利潤πをLで偏微分してゼロとなるのが利潤最大化条件となる。このため，

$$\frac{\partial \pi}{\partial L} = P \times \frac{\partial f}{\partial L} - w = 0 \tag{17}$$

が利潤最大化の1階条件となる。ここから，

$$P \times \frac{\partial f}{\partial L} = w$$

$$\frac{\partial f}{\partial L} = f_L = \frac{w}{P} \tag{18}$$

が成立する。(18)式の左辺は**労働の限界生産力**であり，右辺は実質賃金である。つまり(18)式は**古典派の第一公準**を示している。利潤最大化行動のもとでは労働1単位の増加による収入の増加がそれにともなう費用と等しくなるところで労働需要が決まる。

偏微分の具体的な計算手順であるが，たとえば，$z = 3x^4y^2 + 1$という関数でxでzを偏微分する場合を見ていく。この場合も普通の微分と同様の計算手順を取る。つまり，①xの右上についている指数をxの前にかけ，②xの右上

についている指数から1を引き、③xのついていない項、この場合は1を無視すればいいわけである。また、④y^2はそのままにしておく。なぜなら、偏微分では微分する変数以外の変数を一定とおくからである。よって、

$$\frac{\partial z}{\partial x} = 3 \cdot 4 \cdot x^{4-1} \cdot y^2 = 12x^3 y^2$$

となる。今度は、逆にyでzを微分することを考えてみると、

$$\frac{\partial z}{\partial x} = 3 \cdot 2 \cdot x^4 \cdot y^{2-1} = 6 x^4 y$$

となる。

 ラグランジェ未定乗数法の計算手続

　経済学では単に最大値や最小値を求めるのではなく、家計の所得制約下での効用最大化であったり、生産要素価格等の制約下での企業の利潤最大化であったりといったように、何らかの制約の下での最適化が分析される。このような制約下での最適化問題を考える際に、**ラグランジェ未定乗数法**という方法がしばしば用いられる。ここでは、ラグランジェ未定乗数法についてその本質には触れず、あくまで計算手続のみを解説する。

　まず、最大化や最小化したい目的となる関数を**目的関数**と呼び、ここでは、これを F(x,y) とする。そしてその最適化にとって制約となる条件を**制約条件**と呼び、これは g(x,y) とする。この関係は、

　　Max F(x,y)
　　s.t. g(x,y) 　　　　　　　　　　　　　　　　　　　　(19)

とも表記される。その上で、以下のような**ラグランジェ関数**を定義する。

　　L(x, y) = F(x, y) − λ · g(x, y) 　　　　　　　　　　　(20)

この λ のことをラグランジェ乗数と呼ぶ。このラグランジュ乗数の詳細については別途参考文献等を参照されたい。初学者はこのような λ をともかく用いるものとして先に進めていこう。

つぎに，このLをxとyとλで偏微分し，ゼロとなる3つの式を導く。つまり，$\frac{\partial L}{\partial x}=0$，$\frac{\partial L}{\partial y}=0$，$\frac{\partial L}{\partial \lambda}=0$である。この場合では，制約条件が$g(x, y)$であるため，これ以上先に進めないが，制約条件が具体的な関数型だった場合には，連立方程式を解くことによって，制約下での最適化問題が解けることになる。

具体例で考えていこう。たとえば，x財とy財を消費する家計の効用関数が$U=xy$であり，所得が200，x財の価格が10，y財の価格が20であったとする。この場合，目的関数は$U=xy$であり，制約条件は$200=10x+20y$となるが，制約条件はイコールゼロとなるように定義する必要があるため，$10x+20y-200=0$とする。この場合，ラグランジェ関数は，

$$L(x, y) = xy - \lambda(10x + 20y - 200) \tag{21}$$

となる。このラグランジェ関数をxとyとλで偏微分して，イコールゼロとすると，

$$\frac{\partial L}{\partial x} = y - 10\lambda = 0 \tag{22}$$

$$\frac{\partial L}{\partial y} = x - 20\lambda = 0 \tag{23}$$

$$\frac{\partial L}{\partial \lambda} = 10x + 20y - 200 = 0 \tag{24}$$

が導かれ，(22)式より$y=10\lambda$，(23)式より$x=20\lambda$が成立する。これらからλを消すために前者を後者で割ると，

$$\frac{X}{Y} = \frac{10\lambda}{20\lambda} = \frac{1}{2} \tag{25}$$

となり，$x=2y$が導かれる。これを(24)式に代入すると，

$$10(2y) + 20y - 200 = 0 \tag{26}$$

となるため，$y=5$と$x=10$が予算制約下での効用最大化消費量ということになり，効用水準は$U=xy=5\times10=50$となる。

最後に本章では本書全体の構成と難易度を考慮し，**対数**については敢えて記載しなかったことを追記しておく。本章を通して簡単な微分概念について直感的に理解できた読者は経済数学のテキストに進む前に対数について高校レベルの範囲をまずは学習されたい。ミクロ経済学のみならず，動学マクロ経済学や計量経済学では対数が頻繁にでてくるためである。ともあれ，まずは図表を用いて経済理論の基礎を理解した後であれば，経済数学は段階を追って学習していけば，公認会計士試験や公務員試験レベルであれば決して難しくはない。大学院レベルになるとかなり厳密な経済数学が用いられるものの，その際にも，何故にその数学が用いられるのかを経済学的背景から理解していくことが重要であって，数学先にありきではないことに注意である。

《参考文献》

- 荒井一博『ファンダメンタルミクロ経済学』中央経済社，2008年
- 安藤至大『ミクロ経済学の第一歩』有斐閣，2013年
- 石川秀樹『経済学と（経済学，ビジネスに必要な）数学がイッキにわかる!!』学研マーケティング，2015年
- 泉田成美・柳川隆『プラティカル産業組織論』（有斐閣アルマ）有斐閣，2008年
- 伊藤元重『入門経済学』日本評論社，2002年
- 岩田規久男『ゼミナールミクロ経済学入門』日本経済新聞社，1995年
- 岡田章『ゲームの理論・入門新版』（有斐閣アルマ）有斐閣，2014年 奥野正寛編『ミクロ経済学演習』東京大学出版会，2008年
- 奥野正寛・鈴村興太郎『モダンエコノミックス1　ミクロ経済学Ⅰ』岩波オンデマンドブックス，2015年
- 小田切宏之『競争政策論 独占禁止法事例とともに学ぶ産業組織論』日本評論社，2008年
- 小淵洋一『イントロダクション経済学（第6版）』多賀出版，2009年
- 尾山大輔・安田洋祐『改訂版 経済学で出る数学：高校数学からきちんと攻める』日本評論社，2013年
- 神取道宏『ミクロ経済学の力』日本評論社，2014年
- 慶田収・金栄緑・大山佳三編著『ミクロ経済学入門』日本評論社，2015年
- 小林弘明・齋藤雅己・佐野晋一・武田巧・山田久『入門ミクロ経済学』実教出版，2008年
- 神戸伸輔・寳多康弘・濱田弘潤『ミクロ経済学をつかむ』有斐閣，2006年
- 佐々木宏夫『基礎コース ミクロ経済学』新世社，2008年
- 坂井豊貴『マーケットデザイン：最先端の実用的な経済学』ちくま新書，2013年
- 坂井豊貴『ミクロ経済学入門の入門』岩波新書，2017年
- 塩澤修平・北條陽子『基礎から学ぶミクロ経済学』新世社，2010年
- 白石俊輔著，尾山大輔・安田洋祐監修『経済学で出る数学 ワークブックでじっくり攻める』日本評論社，2014年

- 武隈愼一『新版ミクロ経済学』新世社，2016年
- 武隈愼一『演習ミクロ経済学（第2版）』新世社，2017年
- 伊達邦春編著『ミクロ経済学』八千代出版，1996年
- 多和田眞『コア・テキスト ミクロ経済学』新世社，2005年
- 中村勝之『大学院へのミクロ経済学講義』現代数学社，2009年
- 土井教之編著『産業組織論入門』ミネルヴァ書房，2008年
- 遠山智久『弱点克服 大学生のミクロ経済学』東京図書，2008年
- 西村和雄『ミクロ経済学』東洋経済新報社，1990年
- 西村和雄『ミクロ経済学』（現代経済入門シリーズ）岩波書店，2011年
- 西村和雄・友田康信『経済学ゼミナール 上級編』実務教育出版，2015年
- 林貴志『ミクロ経済学（増補版）』ミネルヴァ書房，2013年
- 福岡正夫『ゼミナール経済学入門（第4版）』日本経済新聞出版社，2008年
- 柳川隆・川濵昇編『競争の戦略と政策』有斐閣，2006年
- 渡辺隆裕『ゼミナールゲーム理論入門』日本経済新聞社，2008年
- G.N. マンキュー著，足立秀之・石川城太・地主俊樹・中島宏之・柳川隆訳『マンキュー経済学Ⅰミクロ編（第3版）』東洋経済新報社，2013年
- H.R. ヴァリアン，佐藤隆三監訳『入門ミクロ経済学（第9版）』勁草書房，2015年
- J.F. スティグリッツ・C.E. ウォルシュ著，藪下史郎・秋山太郎・蟻川靖浩・大阿久博・木立力・宮田亮・清野一治訳『スティグリッツミクロ経済学（第4版）』東洋経済新報社，2013年
- J.R. ヒックス著，安井琢磨・熊谷尚夫訳『価値と資本（上・下）』岩波文庫，1995年
- P. クルーグマン・R. ウェルス著，大山道広・石橋孝次訳『クルーグマンミクロ経済学（第2版）』東洋経済新報社，2017年
- R.S. ピンダイク・D.L. ルビンフェルド，姉川知史監訳『ミクロ経済学Ⅰ・Ⅱ』中経出版，2014年

索　引

■ 欧文・数字 ■

CES（constant elasticity of substitution）
　　生産関数……………………74
M＆A ………………………………171
n 社集中度…………………………170

■ あ ■

一物一価の法則……………………6
一般均衡分析………………8, 95, 96, 99
エッジワース・ボックス……96, 97, 98

■ か ■

外部経済……………………………186
外部効果……………………………186
外部性………………………………140
外部性の内部化……………………142
外部不経済…………………………186
外部費用……………………………141
外部便益……………………………141
価格効果……………………………53
価格差別……………………………113
価格消費曲線………………51, 83, 88
価格の下方硬直性…………………8
価格分析……………………………3
価格メカニズムの働き……………178
下級財（劣等財）…………………46
加重限界効用均等の法則…………24
課税政策……………………………188
寡占…………………………………105
寡占市場……………………………6
合併…………………………………171

神の見えざる手……………………178
カルドア＝ヒックス基準…………101
カルテル……………………………117
完全競争市場………………5, 90, 103
完全情報……………………………160
機会費用……………………………59
危険愛好者………………………165, 166
危険回避者…………………………164
危険プレミアム……………………166
技術的外部効果……………………186
技術的外部性………………………141
技術的限界代替率…………………78
技術的限界代替率逓減の法則……79
希少性………………………………178
基数的アプローチ…………………23
規制政策……………………………188
期待効用……………………162, 163, 164
期待効用仮説………………………163
期待値………………………160, 161, 162
ギッフェン財………………………54
規範的理論…………………………182
規模に関する収穫の法則…………77
逆選択（アドバースセレクション）
　　………………………………157, 160
供給関数……………………………10
供給曲線……………………………10
供給曲線のシフト…………………11
供給の価格弾力性…………………17
供給の変化…………………………11
供給の変化の要因………………11, 21
供給法則……………………………10
競争型寡占…………………………117

競争均衡の効率性・・・・・・・・・・・・・・・・・ 184
協調型寡占・・・・・・・・・・・・・・・・・・・・・・・ 117
協力ゲーム・・・・・・・・・・・・・・・・・・・・・・・ 128
均衡価格・・・・・・・・・・・・・・・・・・87, 90, 95
金銭的外部性・・・・・・・・・・・・・・・・・・・・ 141
屈折需要曲線・・・・・・・・・・・・・・・・・・・・ 119
繰り返しゲーム・・・・・・・・・・・・・・・・・・ 134
クールノー均衡・・・・・・・・・・・・・・・・・・ 120
ゲームツリー・・・・・・・・・・・・・・・・・・・・ 136
ゲーム理論・・・・・・・・・・・・・・・・・・・・・・ 127
計画経済・・・・・・・・・・・・・・・・・・・・・・・・ 178
経済厚生・・・・・・・・・・・・・・・・・・・・・・・・・90
契約曲線・・・・・・・・・・・・・・・・・・・・・ 98, 99
限界概念・・・・・・・・・・・・・・・・・・・・・・・・・・4
限界効用・・・・・・・・・・・・・・・・・・・・ 23, 196
限界効用逓減の法則・・・・・・・・ 23, 30, 196
限界効用逓増の法則・・・・・・・・・・・・・・・30
限界効用均等の法則・・・・・・・・・・・・・ 183
限界支出・・・・・・・・・・・・・・・・・・・・・・・・ 112
限界収入・・・・・・・・・・・・・・・・ 26, 65, 108
限界代替率・・・・・・・・・・・・・ 24, 35, 98, 99
限界代替率逓減の法則・・・・・・・・・・・・・25
限界費用・・・・・・・・ 26, 62, 90, 109, 195, 196
限界費用価格形成原理・・・・・・・・・・・・ 180
限界分析・・・・・・・・・・・・・・・・・・・・・・・・・・4
限界変形率・・・・・・・・・・・・・・・・・・・・・・ 184
公共財・・・・・・・・・・・・・・・・・・・・・・・・・・ 148
公共性・・・・・・・・・・・・・・・・・・・・・・・・・・ 180
交差弾力性・・・・・・・・・・・・・・・・・・・・・・・42
コースの定理・・・・・・・・・・・・・・・ 145, 189
公正・・・・・・・・・・・・・・・・・・・・・・・・・・・・ 185
厚生・・・・・・・・・・・・・・・・・・・・・・・・・・・・ 182
厚生経済学・・・・・・・・・・・・・・・ 99, 102, 182
厚生経済学の基本定理・・・・・・・・・・・・ 184
厚生経済学の第一基本定理・・・・・・・・・99
厚生経済学の第二基本定理・・・・・ 100, 101

公正な所得分配・・・・・・・・・・・・・・ 179, 185
厚生の損失・・・・・・・・・・・・・・・・・・・ 87, 94
効用・・・・・・・・・・・・・・・・・・・・ 30, 162, 183
効用最大化・・・・・・・・・・・・・・・・・・・・・・ 201
効用最大化行動・・・・・・・・・・・・・・・・・・・39
効率・・・・・・・・・・・・・・・・・・・・・・・・ 179, 183
効率的・・・・・・・・・・・・・・・・・・・・・・・・・・ 179
効率的な資源配分・・・・・・・・・・・・・・・・ 179
国民所得分析・・・・・・・・・・・・・・・・・・・・・・3
固定費用・・・・・・・・・・・・・・・・・・・・・・・・・60
古典派の第一公準・・・・・・・・・・・・・・・・ 200
コブ・ダグラス型生産関数・・・・・・・・・74
コミットメント問題・・・・・・・・・・・・・ 138
混合戦略・・・・・・・・・・・・・・・・・・・・・・・・ 131

━━ さ ━━

サミュエルソン条件・・・・・・・・・・・・・・ 150
産出効果・・・・・・・・・・・・・・・・・・・・・・・・・83
死荷重・・・・・・・・・・・・・・・・・・・・・・・ 88, 94
シグナリング・・・・・・・・・・・・・・・・・・・ 157
資源・・・・・・・・・・・・・・・・・・・・・・・・・・・・ 179
資源配分・・・・・・・・・・・・・・・・・・・・・・・・ 179
市場均衡・・・・・・・・・・・・・・・・・・・・ 19, 184
市場均衡価格・・・・・・・・・・・・・・・・・・・・・19
市場経済・・・・・・・・・・・・・・・・・・・・・・・・ 178
市場支配力・・・・・・・・・・・・・・・・・・・・・・ 168
市場集中度の指標・・・・・・・・・・・・・・・・ 169
市場の失敗・・・・・・・・・・・・・・ 140, 184, 186
指数法則・・・・・・・・・・・・・・・・・・・・・・・・ 193
しっぺ返し・・・・・・・・・・・・・・・・・ 134, 135
私的限界費用・・・・・・・・・・・・・・・・・・・・ 141
私的財・・・・・・・・・・・・・・・・・・・・・・・・・・ 147
支払意志額・・・・・・・・・・・・・・・・・・・ 89, 90
資本主義経済制度・・・・・・・・・・・・・・・・ 178
社会主義経済制度・・・・・・・・・・・・・・・・ 178
社会的厚生・・・・・・・・・・・・・・・・・・・・・・ 180

社会的限界費用	141, 188
社会的余剰	88, 90, 92, 94, 180, 188
奢侈品	17
収穫一定の法則	75
収穫逓減の法則	75
収穫逓増の法則	75
囚人のジレンマ	131
自由貿易	93
シュタッケルベルク均衡	120
シュタッケルベルク・モデル	136
需要関数	9
需要・供給の法則	3
需要曲線	9
需要曲線のシフト	9
需要の価格弾力性	13, 42
需要の所得弾力性	42
需要の変化	9
需要の変化の要因	10
需要法則	8
準公共財	148
純粋交換モデル	96
純粋公共財	148
純粋戦略	131
上級財（正常財）	46
小国	92
小国と大国	92
消費者余剰	89, 90, 92, 180
消費の非競合性	147
消費の非排除性	148
情報の非対称性	154
序数的アプローチ	23
所得効果	25, 52
所得再分配	185
所得再分配政策	184
所得消費曲線	49, 83
垂直的取引	173
生産関数	74, 200
生産者均衡点	82
生産者余剰	90, 92, 180
生産者余剰（Producer's Surplus）	90
正の外部性	141
選好の理論	24
全部効果	53
戦略形ゲーム	129
操業停止点	70
総効用	23
総収入	65
総費用	60
総費用曲線	195, 196
損益分岐点	58, 68

── た ──

第一基本定理	184
大国	92
代替効果	25, 52, 83
代替財	10
代替法則	25
第二基本定理	184
多占	116
単位弾力性	14
短期	59
弾力性	42
中級財（中立財）	46
長期	59
展開形ゲーム	136
等産出量曲線	27
等費用線	27, 76, 79
等利潤曲線	121
等量曲線あるいは等産出量曲線	76
独占	105
独占市場	6
独占的競争	105

取引費用……………………………… 145
トレード・オフ（二律背反）……… 186

――― な ―――

内部相互補助…………………………… 182
ナッシュ均衡…………………………… 130
二重限界化……………………………… 175

――― は ―――

買収……………………………………… 171
ハーフィンダール・ハーシュマン指数
　（HHI）………………………………… 170
パレート………………………………98, 100
パレート改善………………………98, 100
パレート効率性…………………98, 99, 182
パレート最適……………… 96, 182, 183, 184
反応曲線………………………………… 121
非価格競争………………………………… 7
比較静学………………………………… 92
非協力ゲーム…………………………… 128
ピグー税………………………………… 146
ピグー的政策…………………………… 188
ピグー補助金…………………………… 147
費用（コスト：cost）………………… 59
費用最小化……………………………… 199
費用最小化行動………………………… 82
費用逓減の法則………………………… 75
費用逓増の法則………………………… 75
不確実性………………………………… 160
不完全競争市場………………………… 103
複占……………………………………… 116
部分均衡………………………………… 92
部分均衡分析………………… 8, 88, 91, 99
負の外部性……………………………… 141
プライス・リーダー…………………… 118
フリーライダー（ただ乗り）問題… 148

平均可変費用…………………………… 69
平均収入………………………………… 65
平均費用………………………………… 61
平均費用価格形成原理………………… 181
ベルトラン競争………………………… 135
ベルトラン均衡………………………… 120
ベルトラン・パラドックス…………… 126
変動費用………………………………… 60
偏微分…………………………………… 200
補完財…………………………………… 10
保険プレミアム………………………… 164
ホテリング＝ラーナー定理…………… 180

――― ま ―――

マクシミン戦略………………………… 133
マーシャル的調整過程………………… 19
無差別曲線………………… 24, 31, 32, 96
モラル・ハザード…………………158, 160

――― や ―――

有効需要の原理………………………… 3
輸入従量税……………………………… 93
予算制約線……………………………… 37
予算線…………………………………… 37
余剰……………………………………… 180

――― ら ―――

ラグランジェ未定乗数法……………… 201
利潤最大化……………… 105, 199, 200, 201
利得表…………………………………… 129
リンダール均衡………………………… 151
リンダール・メカニズム……………… 151
累進所得税制…………………………… 185
レモンの問題…………………………… 155
労働供給曲線…………………………… 111
労働の限界生産力……………………… 200

― わ ―

ワルラス的調整過程…………………19

■執筆者紹介

小淵　洋一（おぶち　よういち）　　　　　　　編集　はしがき，第1章，第14章
1942年生まれ。
明治大学大学院政治経済研究科博士課程単位取得。城西大学経済学部教授，現代政策学部教授を経て，現代政策学部客員教授。

大水　善寛（おおみず　よしひろ）　　　　　　　編集，第2章，第5章
1949年生まれ
九州産業大学大学院経済学研究科博士後期課程修了。博士（経済学）。城西大学経済学部教授を経て，経済学部客員教授。

柳下　正和（やなぎした　まさかず）　　　第3章，第4章，第10章，第12章1・2・3
1969年生まれ。
中央大学大学院経済学研究科博士後期課程単位取得。城西大学経営学部准教授を経て，経営学部教授。

江良　亮（えら　あきら）　　　　　　　第6章，第7章，第12章4・5，第15章
1971年生まれ。
早稲田大学大学院社会科学研究科博士課程修了。博士（学術）。城西大学経済学部准教授。

孫根　志華（そね　しか）　　　　　　　　　　　　　　　第8章，第9章
1962年生まれ。
明治大学大学院政治経済研究科博士課程修了。博士（経済学）。城西国際大学経営情報学部講師を経て，城西国際大学国際人文学部准教授。

坂本　俊輔（さかもと　しゅんすけ）　　　　　　　　　　第11章，第13章
1973年生まれ。
一橋大学大学院経済学研究科博士後期課程単位取得。城西大学経済学部助教を経て，経済学部准教授。

コンテンポラリー　ミクロ経済学

2018年4月20日　第1版第1刷発行

編著者	小　淵　洋　一
	大　水　善　寛
発行者	山　本　　　継
発行所	㈱中央経済社
発売元	㈱中央経済グループ パブリッシング

〒101-0051　東京都千代田区神田神保町1-31-2
電話　03 (3293) 3371 (編集代表)
　　　03 (3293) 3381 (営業代表)
http://www.chuokeizai.co.jp/
印刷／文唱堂印刷㈱
製本／㈲井上製本所

© 2018
Printed in Japan

＊頁の「欠落」や「順序違い」などがありましたらお取り替えいたしますので発売元までご送付ください。(送料小社負担)

ISBN978-4-502-25941-8　C3033

JCOPY〈出版者著作権管理機構委託出版物〉本書を無断で複写複製(コピー)することは，著作権法上の例外を除き，禁じられています。本書をコピーされる場合は事前に出版者著作権管理機構(JCOPY)の許諾を受けてください。
JCOPY〈http://www.jcopy.or.jp　eメール：info@jcopy.or.jp　電話：03-3513-6969〉

ベーシック+プラス
Basic Plus

 ミクロ経済学の基礎
 マクロ経済学の基礎
 経営学入門
 経営管理論

 財政学
 公共経済学
 企業統治
 技術経営

 金融論
 金融政策
 人的資源管理
 国際人的資源管理

 日本経済論
 地域政策
 消費者行動論
 物流論

いま新しい時代を切り開く基礎力と応用力を
兼ね備えた人材が求められています。
このシリーズは, 各学問分野の基本的な知識や
標準的な考え方を学ぶことにプラスして,
一人ひとりが主体的に思考し, 行動できるような
「学び」をサポートしています。

中央経済社

Let's START!
学びにプラス!
成長にプラス!
ベーシック+で
はじめよう!